FANATISMO, NEGACIONISMO, MENTIRA

Blucher

FANATISMO, NEGACIONISMO, MENTIRA

Estudos psicanalíticos

R. M. S. Cassorla

Fanatismo, negacionismo, mentira: estudos psicanalíticos
© 2025 R. M. S. Cassorla
Editora Edgard Blücher Ltda.

Publisher Edgard Blücher
Editor Eduardo Blücher
Coordenador editorial Rafael Fulanetti
Coordenadora de produção Ana Cristina Garcia
Produção editorial Andressa Lira
Preparação de texto Mariana Góis
Diagramação Lira Editorial
Revisão de texto Regiane da Silva Miyashiro
Capa Laércio Flenic
Imagem da capa Rafael Monteiro Smeke

Blucher

Rua Pedroso Alvarenga, 1245, 4º andar
04531-934 – São Paulo – SP – Brasil
Tel.: 55 11 3078-5366
contato@blucher.com.br
www.blucher.com.br

Segundo o Novo Acordo Ortográfico, conforme 6. ed. do *Vocabulário Ortográfico da Língua Portuguesa*, Academia Brasileira de Letras, julho de 2021.

Dados Internacionais de Catalogação na Publicação (CIP)
Heytor Diniz Teixeira, CRB-8/10570

Cassorla, R. M. S.
Fanatismo, negacionismo, mentira : estudos psicanalíticos / R. M. S. Cassorla. – São Paulo : Blucher, 2025.

208 p.

Bibliografia
ISBN 978-85-212-2570-6 (impresso)
ISBN 978-85-212-2569-0 (eletrônico - Epub)
ISBN 978-85-212-2568-3 (eletrônico - PDF)

1. Psicanálise. 2. Psicologia social. 3. Fanatismo. I. Título.

CDU 159.964.2

Índice para catálogo sistemático:
1. Psicologia social CDU 159.964.2

Epílogo

Conselheiro. Sim, você tem todo o direito de abrir um processo ético e até judicial contra ela, mas não sei se vale a pena.

Queixosa indignada. Como? A questão é de justiça.

C. Entendo.

QI. O que você quis dizer "se vale a pena"?

C. Ela é conhecida por sua maldade.

QI. Há gente que a admira.

C. Pessoas carentes se ligam fanaticamente a líderes sedutores.

QI. Ela mente, calunia, difama. Maltrata. Não pode ficar impune.

C. As mentiras dela têm desgastado tua vida familiar?

QI. Não. Pelo contrário, nos fortaleceu. Sinto-me amparada. Meu marido mantém a calma. As crianças são as que mais sofrem, mas a escola está fazendo um ótimo trabalho.

C. Tem prejudicado teu trabalho?

QI. Não. Estou muito contente no meu trabalho. Sinto-me valorizada. Mas ela tem que ser punida. Ela tem maltratado muitas pessoas já faz tempo. Ela demostra sentir prazer em provocar confusão com suas mentiras. E ela nega que as tenha forjado, a despeito de todas as provas em contrário.

C. Você tem razão.

QI. Muita gente não percebe e ela conquista seguidores. Temos que desmascará-la para que ela pare de fazer o mal.

C. Você acha que ela vai parar?

QI. Como assim?

C. Ela vai continuar. Faz parte de sua natureza.

QI. Então ficamos de mãos amarradas e deixamos tudo como está? Não é justo.

C. Sim, não é justo. Você tem todo o direito de fazer uma queixa ética.

QI. Você está me confundindo. Ela tem que ser punida!

C. Você tem razão. Ela tem que ser punida. Se você fizer a denúncia terá que preparar-se para mais ataques e mentiras. Ela vai tentar convencer que é vítima de injustiças. Vai propagar, de todas as formas, mais mentiras sobre você.

QI. [Quase gritando] Então a culpa é da vítima? Então não se faz nada? Isso não é justo. Não é justo!

C. Você tem todo o direito de fazer uma queixa ética.

Conteúdo

Introdução 9

1. Fanatismo no campo social 17

2. Fanatismo: entre os campos social e analítico 25

3. Fanatismo no campo analítico 33

4. Fanatismos contemporâneos: Anders Breivik 49

5. Negações e negacionismo 63

6. Convicção, mentiras e negacionismo 79

7. Barbárie: especulações a partir do caso Schreber 95

8. Curiosidade e fazer "vista grossa": reflexões sobre a busca/fuga da verdade 105

9. Mentira e sedução perversa 125

10. A mentira no campo analítico 139

11. Por um certo elogio da mentira: outros vértices de observação 147

12. Manifestações do fanatismo, negacionismo e mentiras: um exercício de psicanálise aplicada 171

13. Fanatismo e plenitude: pequenas estórias 185

Referências 195

Introdução

Sabemos que a psicanálise é uma psicologia do particular e, ao mesmo tempo uma psicologia social, que se vale de indícios para investigar o funcionamento mental. A formação de nossa psique depende intrinsecamente do vínculo com o outro. A internalização adequada desse vínculo permite a alteridade, condição básica para a humanização. Dessa forma, o indivíduo se torna eticamente comprometido com a hospitalidade, tanto para o similar como, principalmente, para o diferente. O mito de Narciso nos mostra as consequências mortíferas de falhas nesse processo e o mito de Édipo revela as complexas vicissitudes dessa conquista.

Fenômenos clínicos em que a percepção da alteridade não se constitui ou é deficitária, como configurações psicóticas, limítrofes, autistas e perversas, repercutem no ambiente social. Esse mesmo ambiente social tanto pode ser um fator para a patologia como ser depositário e estímulo para sua ampliação.

O objetivo ao escrever este livro foi me dedicar ao estudo do fanatismo, fenômeno que acompanha a história da humanidade e tem se tornado motivo de preocupação na atualidade. O tema inevitavelmente me conduziu à abordagem do negacionismo e da mentira. Os temas estão imbricados e conduzem a pistas sobre alguns fatores relacionados à maldade.

Como fator social, o fanatismo tem sido objeto do estudo filosófico e das ciências humanas. A psicanálise, cujos fundamentos provêm da clínica, tem dificuldades com o tema já que o fanático – pleno de certezas – a despreza. Dessa forma, o psicanalista não tem acesso aos detalhes do seu funcionamento mental. Ainda assim, existem textos clássicos que criam hipóteses valiosas, como os livros editados por Haynal, Miklos e Puymège (1983) e Sor e Senet (2010).

O psicanalista apenas tem contato com fatos que ocorrem no campo analítico. Ele pode intuir aspectos que se escondem no entremeio da fala, das emoções e do comportamento manifesto de seu paciente, e essa capacidade intuitiva – desenvolvida em sua formação e trabalho como psicanalista – está sendo constantemente validada (ou não) pelas associações do paciente. Em outras palavras, o analista acessa a sua própria mente apenas enquanto intui como ela está sendo utilizada por seu paciente para comunicar (ou anticomunicar) estados emocionais que se espraiam entre áreas com diferentes graus de simbolização (ou não simbolização) verbal.

Sutor, ne ultra crepidam ("Sapateiro, não vá além dos sapatos") é uma expressão de Plinio, o Velho (78 a.C.) que deve ser considerada também pelo psicanalista que ousa especular para além do que vivencia no campo analítico. Esse cuidado, no entanto, não deve impedi-lo de formular hipóteses sobre fatos para além desse campo, hipóteses essas cujo alicerce se encontra na experiência clínica. A psicanálise aplicada tem se revelado interessante para a ampliação da percepção e compreensão de fatos sociais, assim como de mitos, crenças e obras artísticas. O "não ir além dos sapatos" se transforma em "como nossa experiência com sapatos – a clínica psicanalítica – pode ajudar-nos a ampliar a compreensão de aspectos que o sapateiro vive mesmo quando não se dedica aos sapatos".

Um cuidado óbvio é estar alerta para o reducionismo, isto é, a tendência em acreditar que uma determinada visão dos fatos é suficiente. Tanto no campo analítico como no campo da psicanálise aplicada, estamos diante da complexidade (Morin, 2008). A causalidade linear e a causalidade circular são abandonadas. Na primeira, existe uma relação de causa e efeito entre dois eventos de uma cadeia linear. Na segunda, o efeito retroage para a causa. Ambas se referem a sequências temporais. As teorias de campo, no entanto, são atemporais. Os fatos do campo se manifestam simultaneamente. Uma alteração em um aspecto do campo induz alterações em todos os outros e nenhum movimento ou mudança ocorre sem a participação de todos os outros. Em outras palavras, qualquer ocorrência no campo é produto de sua totalidade (Cassorla, 2015b; 2017a, 2017c; 2023d). Como o analista faz parte do campo, a observação objetiva se torna limitada e o investigador terá que objetivar sua própria subjetividade.

A percepção do campo (ou melhor, o envolvimento do psicanalista com fenômenos do campo – do qual ele faz parte), deve ser ampliada pela utilização de outros instrumentos que não aqueles da psicanálise. As ciências humanas (sociologia, antropologia, economia), a crítica das obras de arte, a linguagem, a filosofia, a física são áreas importantes na abordagem da complexidade.

O psicanalista, em geral, não tem formação suficiente para utilizar tais instrumentos para "além dos sapatos". Não lhe será possível, tampouco, avaliar a potência de cada uma dessas áreas para a compreensão dos fatos sociais ou artísticos e corre o risco de se deixar levar pelo reducionismo que também limita outras áreas. O trabalho transdisciplinar, extremamente necessário, é raro e, por vezes, parece utópico diante da complexidade com que se defronta.

Portanto, solicita-se ao leitor abandonar uma eventual pretensão de que os temas abordados – fanatismo, negacionismo e mentira – serão "explicados ou compreendidos". É possível que se consiga penetrar em alguns aspectos da complexidade estudada, e que essa possibilidade ajude o leitor e outros investigadores a utilizarem sua própria experiência para ampliar o conhecimento. Algumas vinhetas clínicas reforçarão hipóteses, mas elas apenas ampliarão o campo de investigação. Se assim não fosse, isto é, caso estivéssemos perante a verdade, estaríamos em área de fanatismo e mentira.

Como em todo texto psicanalítico, as vinhetas clínicas devem ser consideradas transformações de possíveis realidades em descrições ficcionais. Esse é um cuidado ético que todo psicanalista toma para manter o sigilo necessário. A possível identificação do leitor com as situações descritas apenas confirmará que elas fazem parte da humanidade.

...

A maioria das ideias expostas neste livro já foram abordadas, em diferentes formas e contextos, em outros escritos. Em Cassorla (1984; 1992) são dados os primeiros passos em direção à conexão dos fatos psicanalíticos com vicissitudes da sociedade atual. A questão do totalitarismo aparece em Cassorla (1998b) e se estende para o estudo da barbárie e terrorismo (Cassorla, 2005a), tema do Capítulo 7 deste livro. Meu interesse pelos atos suicidas me mostrou a busca de um objeto idealizado neste ou em outro mundo conectando as fantasias do terrorista que busca eliminar aqueles que supostamente se opõem a suas ideias redentoras. Ao mesmo tempo, o terrorista suicida fantasia uma vida plena após a morte (Cassorla, 2009; 2010; 2017a; 2017b). Esses aspectos foram desenvolvidos no livro *Estudos sobre suicídio: psicanálise e saúde mental* (Cassorla, 2021c) que aprofundou significativamente as ideias de uma publicação anterior: *Suicídio – fatores inconscientes e aspectos socioculturais: uma introdução* (Cassorla, 2017e). A evidência de que essa busca implicava a dificuldade de elaborar os processos de dessimbiotização, revividos na adolescência, me conduziu ao estudo das complicações inerentes ao nascimento psicológico, incluindo as situações traumáticas que impediam o desenvolvimento adequado dos processos de simbolização (Cassorla, 2015b). Essa dificuldade se manifestava no campo analítico por meio de conluios de idealização e violência entre os membros da dupla analítica, conluios que impediam sua própria percepção. Estávamos em área de negacionismo da percepção da alteridade. Dessa forma, por caminhos imprevistos, defrontei-me com configurações que atacavam a triangularidade – vivenciada como traumática – também no campo analítico. Tive a sorte de lançar luzes sobre essas situações propondo as ideias de não-sonho, não-sonho-a-dois e *enactments* agudos e crônicos (Cassorla, 2001; 2005b; 2008b; 2012; 2013). Ao mesmo tempo, o campo analítico se torna objeto de estudo, principalmente quanto à questão dos déficits nos processos de simbolização (Cassorla, 2015b; 2017a; 2017e; 2023d). Essas ideias me levaram a publicar o livro *O psicanalista, o teatro dos sonhos e a clínica do enactment* (Cassorla, 2016b), um texto de clínica psicanalítica em que as relações humanas – o social – subjazem aos fatos clínicos. Esses aspectos continuam sendo desenvolvidos em Cassorla (2015a; 2017d; 2018a) em relação às instituições psicanalíticas e se encontram presentes em todos os escritos, retornando aos temas da adolescência (Cassorla, 2016c).

Convidado a participar da comemoração dos 100 anos do *International Journal of Psychoanalysis* debrucei-me sobre o fanatismo, consciente da necessidade de identificar possíveis configurações no campo analítico que iluminassem os fatos sociais. Esse texto (Cassorla, 2019b) inevitavelmente me levou ao estudo do negacionismo (Cassorla, 2021b; 2021d; 2023a; 2023b) e da mentira, temas que instigavam reflexões que se tornaram mais urgentes com a disseminação de *fake news* e a violência das identificações projetivas que impunham um não pensamento estúpido (Cassorla, 2013; 2016c). Concomitantemente, situações institucionais me tornavam curioso em relação à negação da realidade e sua substituição por ideias permeadas de ódio e inveja que resultavam na desumanização do outro. A uma dessas situações chamei efeito Orton (Cassorla, 2008b), baseado em um personagem de Jorge Luis Borges estudado em Cassorla (2018a), e retomado no Capítulo 6 deste livro. O estudo da adolescência propiciou a edição de dois livros: *The Astonishing Adolescent Upheaval in Psychoanalysis* (Cassorla & Flechner, 2024) e *A turbulência adolescente: estudos psicanalíticos* (Cassorla, 2024b), cujos capítulos abordam, entre vários temas, vicissitudes dos processos de simbolização e a busca desenfreada de escudos protetores perante traumas da realidade triangular. A resistência à mudança encontrada em personalidades fanáticas, negacionistas e mentirosas me conduziu ao estudo do suposto irredutível do caráter, tema que se insinua nos textos, mas não será discutido neste livro (Cassorla, 2024e).

Ainda que os textos citados perpassem todas as ideias do livro, é importante assinalar que os Capítulos 1, 2 e 3, em que se discute o fanatismo nos campos social e analítico, baseiam-se principalmente em Cassorla (2019b); o Capítulo 4 se debruça sobre Anders Breivik, um terrorista fanático (Cassorla, 2024c). O Capítulo 5, que introduz o negacionismo, se baseia em Cassorla (2021d). O Capítulo 6 é composto a partir de um capítulo de livro editado por Fred Busch (Cassorla 2023b), posteriormente desenvolvido em outro texto, publicado em livro editado por Beatrice Ithier (Cassorla, 2023c). Como assinalado, o Capítulo 7 se inspira em Cassorla (2005a). O Capítulo 8 em que introduzo a ideia de "fazer vista grossa" foi baseado em Cassorla (1993) e retomado em Cassorla (2024c). O Capítulo 9 aborda a mentira e a sedução perversa, temas que, de modo sutil, já se apresentavam nos textos da década de 1990. O Capítulo 10 aborda a mentira no campo analítico e está baseado em Cassorla (2018b). O Capítulo 11, que aprofunda o estudo da mentira, resultou do estímulo para um capítulo de livro editado por Tomasz Fortuna, um psicanalista inglês, que aborda o pensamento de Bion (Cassorla, 2024a). Esse texto foi reproduzido em português pelas colegas do Laboratório Interinstitucional de Estudos da Intersubjetividade e Psicanálise Contemporânea (LipSic) (Cassorla, 2023d). O Capítulo 12 retoma pequenos relatos em que temas deste livro se tornam evidentes. O Capítulo 13 avança em situações nas quais o sentimento de plenitude se confunde com o objeto idealizado. Ele deriva de Cassorla (2024d). Apelo à paciência do leitor em relação a possíveis repetições. Espero que elas ocorram em contextos diferentes, como se observa no campo analítico, em que as repetições nunca ocorrem exatamente da mesma forma.

As citações detalhadas, necessárias, também dificultam que um eventual leitor me acuse de plágio, isto é, de autoplágio. Afinal, nos capítulos deste livro constata-se "que não existe nada que um ser humano não possa fazer a outro". Felizmente, também "não existe nada que um ser humano não possa fazer por outro" (Baer, A., sobrevivente do Holocausto[1]).[2]

1 Citado em Chuster; Soares & Trachtenberg (2014a).

2 Por se tratar de uma obra póstuma, algumas referências bibliográficas não puderam ser confirmadas. No entanto, em respeito ao desejo da família de preservar a versão original do autor, optou-se por manter todas as citações conforme apresentadas no texto. Essa decisão busca honrar a integridade da obra e o legado intelectual do autor.

1. Fanatismo no campo social

Neste capítulo, descreve-se como o fanatismo se apresenta na sociedade. A realidade é negada e transformada naquilo que o fanático acredita. Busca-se aproximação com as emoções envolvidas, preparando o leitor para a abordagem do fenômeno no campo analítico. A seriedade do tema estimulou o autor a terminá-lo com bom humor, forma conveniente para suportar a realidade traumática.

Quando os times de futebol de minha cidade jogam entre si, levantam-se boatos mentirosos que resultam em enfrentamentos violentos das torcidas. Após a descarga, a normalidade retorna. Até o próximo jogo, quando tudo se repete. Quando os jogadores de ambos os times são convocados para uma seleção, os torcedores se unem contra o "inimigo" comum. Esse fanatismo do dia a dia nos faz pensar em uma origem mítica, quando os irmãos rivais da horda primitiva se unem para derrotar o pai (Freud, 1911/1969b).

A humanidade sempre conviveu com a maldade. O investigador deve cuidar para que a repulsa e a indignação não prejudiquem sua capacidade de pensar o tema. Precisa considerar que os fatores que contribuem para a maldade devem ser tão complexos como aqueles que influenciam a bondade. As ideias de Arendt (1999) sobre a banalidade do mal não surpreendem o psicanalista que conhece a perene luta entre Eros e Tânatos.

A complexidade do tema demanda difíceis estudos interdisciplinares, que abrem inúmeros caminhos. É preciso lembrar que a própria ciência pode ser manipulada para justificar teorias fanáticas sobre superioridade de grupos humanos.

Por vezes, o psicanalista se defronta com situações clínicas cuja similaridade com fatos sociais se impõe. Organizações mafiosas, terroristas, perversas, fanáticas etc. manifestam-se no campo analítico, muitas vezes envolvendo o analista e atacando sua capacidade intuitiva. O mesmo ocorre com o tema deste livro: o fanatismo.

Existem numerosos trabalhos sobre o assunto concluídos por filósofos e profissionais das Ciências Humanas. Alguns psicanalistas, muitos latino-americanos, especulam sobre fatores que induzem o fanático a atacar a percepção da realidade, substituindo-a por crenças absolutas. No entanto, a maioria desses trabalhos não parte de situações clínicas, certamente porque fanáticos não buscam psicanalistas.

Nos capítulos deste livro serão propostas hipóteses sobre o fanatismo como fato social a partir do estudo clínico. Antes, porém, serão discutidas algumas características da personalidade fanática que se revelam em seu comportamento social.

O termo fanático vem do latim *fanus*, que significa templo. Os romanos associavam a palavra ao verbo *for, fari*, que significa falar solenemente. O fanático era o porteiro que velava cuidadosamente pelo santuário. Com o tempo passou a nomear o religioso fervoroso que se dedicava exclusivamente a um único deus. O termo se ampliou para nomear o louco, com entusiasmo delirante, frenético, iluminado, exaltado por sua crença.

O fanático transforma a percepção e o conhecimento da realidade para adaptá-la a suas necessidades e desejos conscientes e inconscientes. Ele tem a certeza de possuir a verdade, que é única. Fatos que não coincidem com ela são isolados ou pervertidos e absorvidos pela organização fanática.

Na mente fanática não há lugar para dúvidas, tolerância, alteridade, culpa, lutos, depressão ou reparação. Não existe tristeza nem alegria.

Esta é confundida com excitação. Vive-se em um mundo hiper-real, onde as coisas são o que se imagina, nada além ou aquém disso.

Os aspectos fanáticos da mente têm algumas características que os diferenciam daqueles predominantes na parte psicótica da personalidade. O fanático deforma uma realidade consensual para determinados grupos sociais em uma forma convincente para aqueles grupos, ainda que bizarra para outros. Por exemplo, os indivíduos do grupo X (que podem ser aqueles de outra nacionalidade, religião, ideologia, raça) estão organizados de tal forma que dominarão a humanidade. Por isso, deve-se eliminá-los. No entanto, a neorrealidade criada pelo psicótico parece bizarra para quase todos. Por exemplo, existe uma conspiração em que seres de outro planeta estão invadindo a Terra. Ao contrário dos aspectos fanáticos, o psicótico não costuma estar em busca de adeptos.

Aspectos fanáticos e psicóticos coexistem e sofrem influência mútua. Surtos psicóticos, explosões genocidas, suicídios coletivos (como os seguidores de Jim Jones) – junção de aspectos perversos e psicóticos – potencializam a organização fanática.

Deter-nos-emos em alguns termos cuja compreensão ajudará na investigação:

- *Conhecimento* provém do latim *cognoscere* que contém, em seu significado: 1) em comum, com alguém; 2) tornar ou gerar; 3. entender. É algo gerado em forma intersubjetiva (La Puente, 1992). O conhecimento é efêmero e está sempre em transformação. A verdade última é inacessível.
- A *crença* toma algo como verdadeiro, mas admite a possibilidade de que não seja verdadeiro (Britton, 1998). Por exemplo, psicanálise é um conhecimento e acredito (crença) que vai ajudar meu paciente. Pode ser que não ajude. Quando a crença abandona a possibilidade e se torna certeza, estamos diante de crenças delirantes (por exemplo, curar uma fratura óssea com

interpretações psicanalíticas) e/ou fanáticas (somente X possui a verdadeira psicanálise).

- O fanático se considera infalível. Certo da superioridade da sua verdade, luta pela "salvação" do outro. Quando o outro resiste à salvação, o fanático tem certeza de rivalidade invejosa. Dessa forma, precisa atacar todas as evidências que abalariam suas ideias, incluindo as pessoas que duvidam. Qualquer forma de perversidade está justificada, em nome da verdade ou da causa.

Portanto, atrás da certeza supostamente inabalável, existem terríveis inseguranças, e o psicanalista não se surpreende quando descobre que a mente fanática encobre aspectos frágeis, aterrorizados. Terroristas são, na verdade, pessoas aterrorizadas.

Uma importante característica do pensamento fanático é a generalização deformante e a valorização acrítica das relações causais. Uma determinada situação, verdadeira ou falsa, é generalizada e a responsabilidade é atribuída a todos os indivíduos da mesma categoria (etnia, religião, por exemplo), que serão considerados inimigos. Caso, em algum momento, as evidências mostrem o contrário, o fanático criará novas crenças para confirmar sua verdade.

A capacidade contagiosa do fanatismo pode obnubilar a capacidade de pensar do observador, que corre o risco de se tornar adepto da crença. A crença fanática pode ser disseminada da mesma forma que doenças infecciosas atingem hospedeiros vulneráveis, conforme será estudado adiante.

Os fatos assinalados até aqui levam a supor que o surgimento do fanatismo é facilitado, em uma pessoa, grupo social ou em uma sociedade, quando ele se sente fragilizado e ameaçado. Para contrapor-se a esse desespero, busca-se algo salvador, poderoso, que substituirá a insegurança por certezas. A instância poderosa é atribuída a crenças socioculturais adquiridas dentro de grupos sociais e/ou insufladas por líderes. Essa "inoculação" é um fator importante que determina a transformação das crenças em fanatismo. A transmissão de funcionamentos fanáticos se inicia na infância precoce e, possivelmente, antes.

Existe uma clara relação entre o fanatismo e o ressentimento. O ressentido se sente traumaticamente injustiçado e passa a viver para vingar-se do objeto que supostamente, ou na realidade, o maltratou. Como foi visto, a transmissão transgeracional do ressentimento faz com que disputas e guerras prossigam por gerações (Kancyper, 1994; Freud, 1911/1969b).

Em resumo, fazem parte da estrutura fanática duas características. A primeira é a certeza de estar cercado por inimigos, que se voltarão contra os fanáticos, exterminando-os. Trata-se de um evidente mecanismo projetivo. Podem ocorrer enfrentamentos entre dois ou mais grupos fanáticos. A dissidência costuma criar outro grupo em que "hereges" deverão ser eliminados e vice-versa. O fanático, ameaçado, tem que se defender exterminando os supostos inimigos. A segunda é a necessidade imperiosa de conquistar adeptos. Fruto da insegurança inconsciente, é necessário formar massas homogêneas poderosas que reforçarão as crenças e lutarão contra os inimigos da causa (Cassorla, 2005a). Aqueles que não concordam com a massa deverão ser eliminados.

Os fatores assinalados devem ser complementados pela necessidade de desumanizar o inimigo. Dessa forma, ele estará sujeito a tudo aquilo que se fazem com animais e "coisas": tortura, eliminação, redução a cinzas.

No Dicionário Filosófico, publicado em 1764, Voltaire (2021) escreve:

> *Fanatismo é para a superstição o que é o delírio para a febre. . . Aquele que tem êxtases, visões, que considera os sonhos como realidades e as imaginações como profecias é um entusiasta; aquele que alimenta a sua loucura com*

> *a morte é um fanático . . .. O mais detestável exemplo de fanatismo é aquele dos burgueses de Paris que correram a assassinar, degolar, atirar pelas janelas, despedaçar, na noite de São Bartolomeu, seus concidadãos que não iam à missa. . . . Há fanáticos de sangue frio: são os juízes que condenam à morte aqueles cujo único crime é não pensar como eles. . . . Quando uma vez o fanatismo gangrenou um cérebro a doença é quase incurável. . . . seus olhos encarniçavam-se, seus membros tremiam, o furor desfigurava seus rostos e teriam morto quem os houvesse contrariado. . . . Essa gente está persuadida que o espírito santo que os penetram está acima das leis e que o seu entusiasmo é a única lei a que devem obedecer. . . . um homem que vos diz que prefere obedecer a Deus a obedecer aos homens e que consequentemente, está certo de merecer o céu se vos degolar . . . De ordinário, são os velhacos que conduzem os fanáticos e que lhes põem o punhal nas mãos: . . . fazia imbecis gozarem as alegrias do paraíso e que lhes prometia uma eternidade desses prazeres que lhe havia feito provar com a condição de assassinarem todos aqueles que lhes apontasse. (Voltaire, 1764/2021, posições 2202-2233)*

Estamos diante da Inquisição, dos Fascismos, Nazismo, Stalinismo, dos morticínios de ameríndios, da escravidão negra, pogroms, Ku Klux Klan, dos terroristas islâmicos, dos genocídios na Armênia, Ruanda, Congo Belga, Bangladesh, do Taleban, do "grande salto para a frente" na China, dos suicídios coletivos de Jim Jones e outros, dos grupos terroristas na América Latina e tantos lugares, muitas vezes pretextos para ditaduras também terroristas. E do fanático próximo, em nossa família ou grupo social (também dentro de nós), que pode passar ao ato se houver um estímulo adequado.

Ainda que o comportamento fanático seja similar na história da humanidade, os fatores que os desencadeiam se relacionam com variáveis sociais que insuflam o comportamento em determinadas fases do funcionamento de cada sociedade.

Atualmente vive-se, em todo o mundo, um recrudescimento de preconceitos, de cor, origem, nacionalidade, hábitos, ideias. O "politicamente correto", que pretensamente combatia o preconceito, torna-se também fanatismo, condenando-se todos aqueles que – muitas vezes com humor – são capazes de lidar com a diversidade.

O fanático pode ser muito agradável enquanto tenta a conversão às suas ideias. Não se pode esquecer de colegas psicanalistas que tentam nos levar carinhosamente para sua "escola" psicanalítica para "livrar-nos do mal".

Existem, portanto, fanatismos sutis, menos graves. Alguns terminam em difamações e depreciações invejosas, com consequências maiores ou menores. Mais grave é quando o outro é maltratado, excluído ou "excomungado" de grupos, por vezes sem sequer compreender o que está ocorrendo. Os estudos de Bion (1961/2001; 1970/1973) sobre o místico e o grupo ajudam na compreensão de algumas dessas situações.

O fanatismo pode se manifestar também naqueles do campo oposto. Ao fanático que se vale das Escrituras se opõe o fanático que quer destruir qualquer resquício de tradição. Como foi visto, por vezes, fanatismos se digladiam dentro dos mesmos grupos religiosos e ideológicos, cada qual considerando-se mais "puro" que o outro.

Algumas vezes podem-se questionar possíveis aspectos fanáticos pelas brechas abertas do humor, produto da parte não psicótica da personalidade. Reconto, com minhas palavras, um relato de Amós Oz (2015).

Um escritor judeu estava em um táxi, em Israel, e o chofer comentava sobre o conflito entre árabes e judeus. Dizia ele que a única solução possível seria matar todos os árabes. O escritor lhe pergunta:

"E como os árabes seriam mortos?". O motorista afirma que todo judeu deveria matar um árabe. O escritor continua: "E como seriam mortos?". O motorista: "De qualquer forma, tiros, facadas, bombas.". O escritor: "Imaginemos então que no prédio em que você mora exista uma família árabe, você entra lá e mata todos.". O motorista concorda vacilante. O escritor continua: "Imaginemos então que você matou toda a família e, quando já está se afastando, ouve um choro de bebê, que sobreviveu porque você não viu. O que você faz?". O motorista retruca: "Como o senhor é cruel!!!".

A complexidade do tema mostra a dificuldade de diferenciar aspectos fanáticos de outros fenômenos próximos e coexistentes. Estamos diante de organizações mentais defensivas que atacam e deformam a percepção da realidade. O estudo clínico, adiante, fornecerá mais pistas.

2. Fanatismo: entre os campos social e analítico

Aqui, o ponto de partida são situações que fazem parte da adolescência. Quando o processo de dessimbiotização se torna difícil, os jovens, de forma ambivalente, buscam desprender-se das figuras parentais, mas sua vulnerabilidade contribui para adesões simbióticas a grupos fanáticos religiosos, ideológicos e criminais, nos quais se sentem protegidos por líderes idealizados. Aborda-se também a questão do recrutamento emocional, que se manifesta no contágio das ideias fanáticas.

Este capítulo busca a aproximação de configurações clínicas que se manifestam, no campo analítico, de forma similar a comportamentos sociais considerados fanáticos. Essa similaridade poderá auxiliar na formulação de hipóteses sobre fatores envolvidos.

Todos os seres humanos mantêm em sua mente representações de experiências emocionais necessárias para o autocuidado e a autoestima. Trata-se de um narcisismo de vida. Diferente do mito de Narciso, em que o narcisismo é mortífero.

Outra parte da mente funciona na triangularidade, que será nomeada édipo, na qual somos capazes de reconhecer a existência do outro. Esse outro, em sentido simbólico, representa o mundo – a realidade – que separa o bebê da mãe. O nascimento psicológico decorre de um processo de dessimbiotização: a busca pulsional pelo contato com a realidade somado ao desejo dos pais (e da cultura) de que o novo ser humano tenha vida própria.

Na adolescência ocorre um segundo processo de dessimbiotização. Perante a força das pulsões sexuais e agressivas, o mundo externo se torna mais atraente e, ao mesmo tempo, ameaçador. Ameaçador porque os pais terão de ser abandonados e substituídos por relações exogâmicas. Ter de lidar com a alteridade se complica por causa das intensas mudanças corporais que deixam o jovem confuso em relação à sua identidade.

Ameaçado por essa violência pulsional e pelo contato com a realidade, o jovem busca proteção em um objeto idealizado. A aderência a esse objeto será proporcional aos sentimentos de desvalimento terrífico que remetem a traumas vividos no início da vida.

Dessa forma, caso os processos de dessimbiotização da infância não estejam suficientemente elaborados, o adolescente corre o risco de reviver as relações simbióticas iniciais, idealizadas, fugindo da percepção de que está excluído da relação entre os membros do casal parental (Cassorla, 2017b; 2019a; 2021c; 2021e; 2024b; 2024f).

A necessidade da relação simbiótica é um importante fator de contribuição para que pessoas se tornem adeptas de grupos religiosos, ideológicos, místicos, criminosos etc. O objeto idealizado preenche o vazio e se assume o suposto poder do grupo. Este pode identificar-se com uma verdade única, que será sua causa. Constituem-se agrupamentos fanáticos, como os Juventudes Nazista e Comunista, pontas de lança para a disseminação da suposta verdade.

O adolescente vulnerável é cooptado por grupos desse tipo. Atualmente, pode-se vê-lo como voluntário nas guerras em países estrangeiros, unindo-se a bandos terroristas, fazendo parte de grupos destrutivos na internet. Crianças e adolescentes carentes que se envolvem com quadrilhas criminosas sentem que "existem". Em situações sociais críticas, é mais fácil encontrar pessoas fragilizadas que, sentindo-se acolhidas, se fanatizam.[1]

Clinicamente, o "outro" é vivenciado como parte do *self*. Por analogia, é possível dizer que o jovem se torna adicto ao objeto, ou "fanático" por ele. Esses aspectos fazem parte das vicissitudes da adolescência "normal". Quando as configurações se tornam rígidas, ocorre o encontro com o funcionamento de organizações narcísicas patológicas.

A realidade triangular – o édipo –, no entanto, ameaça a manutenção da relação simbiótica/parasitária. Quando ela se rompe, o jovem é assaltado por terrores de aniquilamento. O termo "fanático" faz mais sentido quando ocorre violência contra o objeto "traidor", que se desprendeu do *self* simbiotizado. Outras vezes ocorre um ato suicida que, além da vingança, busca uma vida idealizada após a morte. Em situações de ressentimento intenso (desencadeado, por exemplo, por *bullying* crônico), o jovem pode atacar, com armas de fogo, seus colegas de escola e, em seguida, matar-se.

Pode-se tomar como exemplo a relação com o namorado ou namorada, quando os aspectos simbióticos predominam. A jovem passa a ver o namorado não como uma pessoa separada dela, com vida própria, mas como um espelho que deve refletir aquilo que ela – a apaixonada – projeta nele. Estamos apaixonados por nós mesmos, no olhar do outro. No entanto, a parte da mente que vive na triangularidade sabe que o outro é outro, é diferente de mim mesmo, tem mente e desejos próprios, pensamentos que não coincidem com os meus. Na verdade, a vida é uma negociação constante entre aspectos narcísicos – quero que o outro seja um espelho, um prolongamento meu – e aspectos edípicos – o outro é diferente de mim e eu sou diferente dele.

---

1 Em sociedades fanáticas, crianças e adolescentes podem denunciar seus pais. Em outro texto (Cassorla, 1998a) – e no último capítulo deste livro – aborda-se o suposto fanatismo de Pavlik Morozov, o "primeiro pioneiro soviético", usado como propaganda pelo regime stalinista.

No caso do apaixonamento narcísico, o indivíduo se sente desesperado com a possibilidade de que o outro tenha vida própria. Perceber o outro como discriminado do *self* é perder uma parte de si mesmo. Assim, a pessoa se sente abandonada, traída e essa perda é sentida como um deixar de existir, já que esse olhar espelhado – similar ao da mãe – o mantém vivo.

Como manter a relação simbiótica cuja destruição seria sentida como mortífera? Haverá que seduzir o objeto, ou chantageá-lo, ou ameaçá-lo, ou violentá-lo, tudo aquilo que se encontra nos fanáticos. O ódio e o ressentimento podem levar a tortura e morte do objeto traidor. Alguns homens podem matar mulheres que negam se submeter à relação dual narcísica – feminicídio. As mulheres que se sentem abandonadas se vingam com o ato suicida, acusação ao parceiro que se sentirá culpado para sempre. Observa-se uma tendência a aumento de homicídios por parte das mulheres e de atos suicidas entre homens, possivelmente decorrente de alterações dos papéis sociais. O suicídio implica também uma retomada da simbiose em outro mundo, volta ao útero materno (Cassorla, 2019a; 2021a; 2021c 2024f).

Existem outras formas de simbiose: a adição a internet, jogo, trabalho, álcool e drogas, gravidez (a adolescente se fusiona a seu bebê). E são importantes para o tema tratado aqui – a adesão fanática a grupos religiosos, ideológicos ou com ideias particulares (racistas, homofóbicos, criminosos, por exemplo). Nesses grupos, o indivíduo se sente visto e importante porque todos, simbioticamente, são donos da verdade e se sentem autossuficientes. Os que compartilham de suas ideias são bons. Os que não concordam são maus e precisam ser convencidos ou eliminados.

Portanto, essas primeiras hipóteses levam em direção a organizações narcísicas que protegem contra a explosão psicótica. Quando as defesas vacilam, o objeto frustrante se torna ameaçador e é atacado de forma vingativa e ressentida. Evidentemente, para que essas organizações busquem disseminação fervorosa (como ocorre no fanatismo), devem existir outros fatores. Esse assunto será retomado adiante.

As simbioses entre os membros do grupo e com o líder idealizado são potencializadas pelo contágio emocional. O indivíduo se sente fazendo parte de um agrupamento coeso e homogêneo de pessoas que se sentem superiores e semelhantes.

O contágio emocional foi estudado por Freud (1921/2013) ao referir-se às multidões "hipnotizadas" que são facilmente manipuladas por líderes fanáticos. Bion (1961/2001) descreveu os supostos básicos que atacam a capacidade de pensar do grupo e nos alerta para o entorpecimento da mente, que pode tomar como realidade o produto de identificações projetivas massivas. Esse entorpecimento torna as massas eufóricas, submissas ou violentas, respondendo às influências emocionais do líder.

O líder se vale da influência emocional. Variações da intensidade vocal, o timbre, as pausas induzem emoções por meio de atos da fala (Austin, 1990). O fanático sabe usar a música que acompanha as palavras e os gestos corporais. A fala melíflua, sedutora, indignada ou/e ameaçadora pretende induzir seu interlocutor a acreditar no que ouve. A propaganda se sofistica para mobilizar as emoções. Multidões rugindo, marchas militares (cujo ritmo hipnotizador lembra os batimentos cardíacos – possivelmente da mãe), palavras de ordem, orações compungidas, repetição constante de chavões, iluminação hipnótica etc., substituem a capacidade de pensar pela descarga emocional.[2]

2 Em um suposto experimento científico, pessoas "normais" aplicavam choques elétricos em outras pessoas, com mais força do que o solicitado por um "professor". Isto é, "qualquer um" poderia, "obedecendo ordens", tornar-se um torturador (Bassols, 1999; Sor & Senet, 2010).

A deturpação do significado das palavras é outra arma indutora. Klemperer (2009) estudou como o uso emotivo da linguagem deformada pelo nazismo transformava a mentira em suposta verdade.[3] Orwell (1949/2009), no clássico *1984*, descreve a "novilíngua", com a mesma função. A propaganda política utiliza mecanismos similares também nas democracias. Todos esses recursos são ampliados pelas redes sociais, que usam sofisticados artifícios para atacar a capacidade de pensar de suas vítimas, que por sua vez estão em busca de certezas. Seus membros, protegidos pelo anonimato, se sentem livres para propagar seus preconceitos e violência. O pior do ser humano, possivelmente reprimido ou cindido, se manifesta com força, já que o indivíduo se sente protegido pelo grupo idealizado. Tem-se utilizado recentemente os termos pós-verdade para a mentira induzida emocionalmente e *truth decay* para a deformação da verdade.

Esse bloqueio na capacidade de avaliar a realidade ocorre também em grupos menores e entre a dupla analítica. A mente se torna torporosa e o indivíduo toma como realidade o que é, na verdade, produto de identificações projetivas massivas que recrutam o indivíduo a tornar-se aquilo que o outro deseja (Bion, 1961/2001; Feldman e Spillius, 1989; Cassorla, 1995). Esse torpor se manifesta como estupidez e arrogância escondida em colusões psicóticas inconscientes (Bion, 1958/1988; Cassorla, 2013; 2016c).

Como vivenciaram terror, desamparo e injustiça, fanáticos têm facilidade em identificar pessoas ou grupos com potencial para serem fanatizados por sua causa. Bebês, crianças pequenas, adolescentes, indivíduos ressentidos e desamparados são vítimas fáceis. Outras vezes o fanático se liga a grupos já instituídos, mas rapidamente adquire a liderança rivalizando com os antigos líderes, frequentemente acusando-os de heresia, traição ou deturpação da causa.

3 A frase "O trabalho liberta", na entrada dos campos de concentração, uma mentira irônica, revela o sadismo subjacente.

O contágio e o medo facilitam a conquista de seguidores. Transgressões, mentiras, racionalizações fazem com que tudo seja permitido. Pela causa, sacrifica-se qualquer resquício de humanidade, justificando-se torturas, morticínios e genocídios. O fanático se sente um justiceiro.

A transmissão transgeracional, como foi visto, faz com que povos ou grupos humanos ressentidos tomem outros grupos como inimigos por gerações, recrutados por sentimentos, relatos e mitos transmitidos de forma consciente e inconsciente.

O contágio pode também ser identificado no campo analítico. A contaminação e o eventual recrutamento do analista por aspectos do paciente influenciaram os estudos contemporâneos sobre *enactment* (Cassorla, 2016b). O *enactment* crônico é descrito como um conluio dual em que o analista se comporta como se fosse a parte projetada do paciente. Costuma apresentar-se na forma de idealização mútua ou de conluio sadomasoquista, mantendo o campo analítico paralisado na área em que ocorre. Ambos os membros não se dão conta do conluio. Seu estudo minucioso revela formações de compromisso entre bloqueio/manifestação de situações traumáticas primitivas. O paciente tem facilidade para intuir formas de penetrar a mente do analista, seduzindo-o ou ameaçando-o. O analista, obnubilado, torna-se estúpido e não percebe o que está ocorrendo (Cassorla, 2013; 2016c).

Os fatos descritos mostram similaridades entre o que ocorre no campo social e no campo analítico. No próximo capítulo, o estudo das manifestações fanáticas no campo analítico será aprofundado.

3. Fanatismo no campo analítico

Neste capítulo, apresentam-se vinhetas clínicas hipotéticas em que se identificam fatores relacionados a comportamento fanático que se manifestam no campo analítico. Formulam-se hipóteses sobre esses fatores que se escondem/revelam nas configurações clínicas identificadas.

Os fatos sociais não são suficientes para abordar hipóteses sobre o funcionamento inconsciente. Como um fanático não se submete à psicanálise, não há acesso aos fatos clínicos. O psicanalista clínico, no entanto, pode ter acesso a manifestações no campo analítico que se assemelham a aspectos fanáticos.

Uma situação ficcional será abordada, de um momento da análise de um paciente não rotulado como fanático. A observação me estimulou a propor que certos fatos poderiam revelar os pródromos daquilo que será, em algum momento, considerado comportamento social fanático.

T. me procura em desespero, após passar por vários tratamentos médicos, psicológicos e místicos. Vive com terríveis "tonturas" e com o terror de que nunca cessem, o que – segundo T. – faria com que se tornasse um ser humano imprestável.

A transferência idealizada instalou-se rapidamente. As frustrações inerentes ao trabalho analítico eram projetadas em outros profissionais que, em sua opinião, eram incompetentes.

Sentia-me pressionado por sua demanda de "cura" rápida. Desejava conhecer "fatores psicológicos", mas, ao mesmo tempo, mantinha a crença de que sofria de um distúrbio somático mortal.

As primeiras sessões revelaram defesas narcísicas que haviam sido úteis para a conquista de situações de muito sucesso profissional e social, escondendo suas dificuldades afetivas. T. era uma cientista respeitada, mas havia sofrido decepções com os colegas de seu laboratório universitário. Contava-me também situações em que tentava "corrigir a ingenuidade" de pessoas de sua família e não se conformava porque eles não a compreendiam. No entanto, mantinha a certeza de que essas situações estavam sob seu controle e que não tinham a menor importância.

A transferência logo se tornou competitiva. Desafiava-me insistentemente a encontrar a "etiologia" de sua doença. Minhas intervenções eram depreciadas e tentava demonstrar-me a superioridade de suas hipóteses sobre a origem dos sintomas e as vantagens da medicação, mesmo sem ter percebido qualquer melhora com ela. Outras vezes, deformava minhas colocações para manter a crença de que eu teria a solução mágica para seus sintomas. Em outros momentos, tentava manter a idealização, agradecendo minha disponibilidade de forma exagerada.

Logo ficou evidente sua crença inconsciente de que sua forma intelectualizada de viver a vida era melhor que qualquer outra. A possibilidade de dar significado a seu sofrimento parecia distante. Mas seu desespero fazia com que viesse às sessões.

Descrevo um momento da última sessão de uma semana turbulenta. Ao final da sessão, T. me conta de sua surpresa pela morte de uma conhecida atriz em um acidente. O fato me lembrou a primeira entrevista, quando T. me relatara, de forma indiferente, a morte de uma irmã, também por acidente. Divido essa lembrança com T. Diz que também se lembrara da irmã quando me contava da morte da atriz. Digo-lhe que talvez esse assunto surgisse em outra sessão.

Na manhã do dia seguinte, feriado, recebo uma mensagem em que me avisa que estava interrompendo a análise. Na noite do mesmo dia me escreve que está muito mal e me pede, por favor, que a ajude.

T. inicia a sessão dizendo, magoada, que pensara em parar a análise porque eu não a ajudava. Que eu não tenho a sensibilidade de perceber sua dor. Que está sofrendo muito e que meu maltrato lhe fez muito mal. Que achou um absurdo eu ter lhe dito, na última sessão, que deveríamos falar sobre a morte de sua irmã. Qual a relação entre a morte da irmã e seu sofrimento atual? Nenhuma, sua irmã faleceu há quinze anos! Isso está no passado, já foi resolvido. Como um profissional tão respeitado comete erros básicos? Para que ficar cutucando em coisas que não são necessárias? Sua fala é autoritária, arrogante.

Surpreso, me imagino mostrando-lhe sua necessidade de negar a percepção do sofrimento relacionado a mortes. Penso também na separação do feriado. Percebo, rapidamente, que se lhe mostrasse esses fatos, T. se sentiria incompreendida e inferiorizada diante de mim. Eu intuía que poderia ocorrer uma disputa estéril. Permaneço calado esperando que algo mais produtivo venha à minha mente.

Como que para confirmar que o problema não seria a morte da irmã, muda a direção de sua bronca. Conta-me de sua zanga comigo em outra sessão. Mostrara seu desespero pela persistência dos sintomas e ao final da sessão me perguntara: "Você acha que vou melhorar, que tenho cura?". Eu teria respondido: "Espero que sim". Percebo que havia deformado minha resposta.

T. me acusa, violentamente, por essa suposta frase. Diz que eu fui frio, desumano. Que ela estava se sentindo destruída, aniquilada. Ensina-me: "Quando alguém está à beira da morte, espera que o outro lhe diga: 'Sim você vai viver. Tenho certeza. Tenho certeza absoluta'. Mesmo que você tenha dúvidas é importante dizer isso, para que o outro não desista". Repete a frase, de várias formas, detalhando fervorosamente a forma como devo me comportar.

Quando consigo falar, digo-lhe que sinto muito que tenha passado por esse sofrimento. Que é importante continuar conversando sobre o que sentimos para perceber divergências e convergências.

Surpreendo-me com a resposta de T.: "Gosto muito da forma como você trabalha".

Pensando a clínica

Essa vinheta ilustra a manifestação de parte do sistema de crenças no campo analítico. As situações mais evidentes são: a certeza de que a morte da irmã não tem qualquer importância e já está "resolvida", e a maneira onipotente com que decide como eu devo comportar-me e o que eu devo dizer. Subjacente a essas certezas existe a crença na origem somática de seus sintomas. E, por fim, a crença de que a vida em sua organização narcísica é superior à vida na realidade triangular.

A rivalidade entre suas crenças e a psicanálise (representada por meu trabalho) se manifesta em forma proporcional à intensidade com que elas se sentem ameaçadas.

Fica evidente também o ressentimento de T. porque eu teria me recusado a ajudar da forma que considerava correta. Eu sou considerado um analista injusto, avarento, que se recusa a "dar" o que T. precisa. Imagina que sadicamente eu estou fruindo de seu sofrimento. Logo, eu sou culpado por sua doença. Como essa doença é equacionada à morte, à não existência, eu sou considerado como alguém que rouba sua vitalidade.

Por outro lado, T. tem certeza de que encontrará a cura se eu me converter à sua causa. Ensina-me, fervorosamente, como devo trabalhar, "salvando-me" de minha incompetência. Minha recusa aumentará o desespero e a violência.

Resumindo, o pensamento fanático de T. se apresenta da seguinte forma: "Estou morrendo", mas, ao mesmo tempo: 1. Tenho a verdade. 2. Meu analista (a psicanálise) não acredita na verdade. 3. Devo convencê-lo da verdade. 4. Convertendo-o, salvo meu analista para a verdade. 5. Ao salvá-lo, confirmo minha onipotência e a verdade. 6. Logo, não estou morrendo. Acessoriamente: 1. Morro por culpa da descrença de meu analista, que não se converte à verdade. 2. Para não morrer, devo matá-lo. 3. Eliminada a causa de minha morte, eu continuaria viva. 4. A verdade triunfaria.

A organização narcísica de T. não funciona mais, mas T. não pode abandoná-la. A realidade triangular (equacionada com o analista, a psicanálise) é responsabilizada por seu sofrimento, sua morte eventual. T. se encontra em um beco sem saída e os métodos repetitivos mortíferos, que talvez a libertarão (ou em fantasia, já funcionaram no passado), fazem com que volte ao mesmo lugar, que se torna cada vez mais sufocante. Como ocorre nas organizações mafiosas (Rosenfeld, 1987; Steiner, 1993) das quais se escapa somente com a morte, o assassinato ou o suicídio.

O investigador busca modelos que ampliem sua capacidade de "sonhar", o que ocorre no campo analítico. Escolho uma relação mãe/bebê (continente/contido) intuindo que essa escolha busca revelação de aspectos primitivos do funcionamento mental. O modelo facilita a criação de hipóteses, conjecturas e especulações.

Imagine um bebê aterrorizado, não encontrando um continente suficientemente adequado para suas emoções brutas. O desespero é proporcional à insuficiência do continente e à violência do impensável. Especulo com a imagem de um bebê/T. prematuro sendo expulso do "útero" (físico/mental), jogado violentamente em um mundo sem significado. O bebê aciona as defesas possíveis, que se manifestarão, em forma transformada e repetitiva, no campo analítico. Tentarei descrever os fatos mais ou menos na sequência apresentada na vinheta clínica. O leitor poderá transpor a descrição para qualquer dialeto psicanalítico.

O primeiro mecanismo é a idealização do analista. T. cinde e projeta os terrores para objetos fora do campo analítico. Como sintomas, continuam em seu corpo. Além de alucinar um seio idealizado, T. se confunde com seu analista, vivenciado como uma parte de si. A relação dual protege contra a realidade triangular, que seria sentida como traumática porque o bebê/T. não adquiriu capacidade suficiente para dar-lhe significado.

Sugiro que estamos diantes dos fatores iniciais que contribuem para o desenvolvimento da parte fanática da mente. Como foi visto no Capítulo 2, o vazio simbólico é tamponado por pessoas, drogas, religiões e ideologias. Nesse mundo ideal, tudo se pode, tudo se sabe, tudo se controla. Não existem dúvidas. Essas características fazem parte do superego moralístico (Bion, 1962/2021), que ataca o ego e bloqueia o aprender com a experiência.

Evidentemente, a simbiose (ou parasitismo) não pode ser permanente. A cada momento, a realidade triangular se faz presente e T. deverá perceber que o analista tem vida própria. O continente idealizado se torna insuficiente e perseguidor. O bebê/T. se vê como que jogado no espaço sideral, rompida a comunicação com a nave-"útero" de onde foi expulso. Novas tentativas de idealização buscam recuperar o paraíso perdido e o ciclo se repete enquanto não ocorrer desagregação psicótica. O bebê/T. vai atribuir seu sofrimento à realidade triangular, responsabilizando o analista. Na sociedade, o fanático culpará quem duvidar de sua crença.

Pode-se acrescentar que, fazendo parte da insuficiência, o bebê/T. vivencia o continente como invejoso, voraz, mentiroso, fraudulento. Um continente que promete continência, mas sadicamente a recusa e se "diverte" com o sofrimento causado ao bebê. Esse modelo é útil para compreender o ressentimento que se manifesta no campo analítico. T./bebê repete, com seu analista, a crença inconsciente que o continente é fraudulento. Sedutor, falso e enganador, atrai a vítima para usá-la voraz e invejosamente. T. se sente traída e injustiçada.

Ao mesmo tempo que sente o analista submetendo-o e atacando sua vitalidade, o bebê/T. se vê inoculado com ideias errôneas. O fanático atribui ao outro sua capacidade de seduzir, enganar, fraudar, capacidades cuja percepção recusa.

Como o fanático ressentido, o bebê/T. sentir-se-á no dever compulsivo de denunciar a farsa, de mostrar as fraudes do analista, de fazê-lo confessar sua maldade e incompetência. Estamos em área de vingança, uma característica importante na criação da mente fanática.

Podemos ampliar a reflexão em relação às vicissitudes da relação continente/contido em possíveis áreas adjacentes às que se manifestaram no campo analítico, mas de difícil identificação. Áreas não evidentes na situação descrita, mas que o seriam em pacientes mais comprometidos. O mesmo bebê descrito anteriormente continua em busca de continente para o não significado. Ao não encontrá-lo, a projeção se intensifica cada vez mais. O que não tem significado cresce exponencialmente, propagando-se, de forma incontrolada, por um espaço infinito. Vive-se em um mundo autogerado, alucinado, dominado pelo superego moralístico. As certezas, de cunho maníaco, são imutáveis porque não se conectam à rede simbólica do pensamento. O paciente, onipotente e onisciente, se sente a verdade.

Propõe-se, como hipótese, que esses aspectos projetados podem aglomerar-se a conteúdos fanáticos inoculados durante o desenvolvimento do indivíduo. Dessa forma, criam-se narrativas fanáticas bizarras, delirantes. É possível imaginar essa situação no caso Schreber (Freud, 1911/1969a), que será abordado no Capítulo 7, em que a propagação se faz para espaços incomensuráveis.

Façamos um resumo das hipóteses e especulações. Para fugir dos terrores sem significado e ameaças de não existência, T. se protege por meio de configurações narcísicas, acreditando na onipotência do continente idealizado com o qual se fundiu, uma crença que a faz acreditar que tem a verdade. Quando a idealização falha, revive desconfiança e ressentimento. Haverá que denunciar os traumas injustos causados por sedução mentirosa. Ao mesmo tempo que anula e deprecia o analista, busca "salvá-lo", convencendo-o da pureza e superioridade de suas crenças. Inoculações fanáticas são ativadas. Concomitantemente, elementos sem significado poderiam ser projetados, configurando-se por vezes objetos bizarros que, por sua vez, carregam aspectos fanáticos. A projeção pode abranger espaços infinitos.

O analista tenta manter sua função analítica ainda que se sinta seduzido, confuso, depreciado, imobilizado etc. Se sua função analítica estivesse perturbada poderia, eventualmente, tornar-se adepto da causa.[1]

A vinheta mostra os aspectos fanáticos como parte das configurações psicóticas. A descrição se aproxima do que se tem chamado transformações em alucinose (Bion, 1965/2004). Talvez a especificidade da parte fanática pudesse ficar mais clara se o material proviesse de pacientes assim considerados.

Nas transformações em alucinose,

> *o quadro geral que o paciente apresenta é o de uma pessoa ansiosa por demonstrar sua independência de qualquer coisa que não sejam suas próprias criações. Essas criações são o resultado de sua suposta capacidade de usar seus sentidos como órgãos de evacuação capazes de rodeá-lo de um universo que ele mesmo gerou: a função dos sentidos e de suas contrapartes mentais é criar seu mundo*

1 Freud (1905/1972) nos lembra do chiste em que um padre tentava converter um corretor de seguros ateu, que estava morrendo. Após horas de conversa, o padre foi convencido a comprar apólices de seguro. O ateu continuou ateu...

> *perfeito. Evidência de imperfeição é evidência ipso facto para intervenção de forças invejosas hostis. Graças à capacidade do paciente de satisfazer todas as suas necessidades a partir de suas próprias criações, ele fica inteiramente independente de qualquer coisa ou pessoa que não são seus produtos; consequentemente, fica além de rivalidade, inveja, avidez, mesquinharia, amor ou ódio; mas a evidência de seus sentidos desmente suas predeterminações; ele não fica satisfeito. (Bion, 1965/2004, p. 151)*

Pouco antes, Bion (1965/2004) alerta que:

> *O moto do paciente cujas transformações são efetuadas no ambiente de alucinose quase poderia ser "ações falam mais alto do que palavras". . . Parece que ao analista é oferecida a escolha de abandonar sua técnica, o que é uma admissão de submissão à sabedoria e técnica superior do analisando; ou caso mantenha-se fazendo análise, estará, portanto, mostrando através de suas ações que ele considera a sua técnica superior; os dois caminhos se encaixariam em uma situação de rivalidade ('acting out de rivalidade' no original inglês). (p. 150)*

No mesmo texto, ele se refere ao termo hipérbole:

> *Quero que o termo expresse uma impressão de exagero, de rivalidade, e retendo seu significado original, de arremesso e distanciamento. O aparecimento de hipérbole sob qualquer forma precisa ser considerado como significativo de uma transformação na qual estão operando rivalidade, inveja e evacuação. Existe uma profunda diferença entre "sendo" O e rivalidade com O. Esta última se caracteriza por inveja, ódio, megalomania e o estado*

> *que os analistas conhecem como acting-out, que precisa ser nitidamente diferenciado de ação, que é característica do "sendo" O. (Bion, 1965/2004,p. 155)*

Vale relembrar características do fanatismo como fato social. O fanático se considera dono da verdade e essa verdade é a única correta. Sua missão é conseguir adeptos para sua crença e, para tal, usa a sedução, a chantagem e a ameaça, de uma forma crescente em que a violência pode ser descrita como modelo da hipérbole. Aqueles que questionam a causa e não aderem a ela são considerados rivais invejosos e devem ser eliminados. Prisões, torturas, guerras e mortes serão justificadas, já que buscam eliminar os maus, aqueles que ameaçam os bons e verdadeiros.

As transformações em alucinose podem ocorrer em várias configurações. A discriminação entre aspectos psicóticos, perversos e fanáticos não é fácil, pois podem fazer parte de um mesmo conglomerado. O psicótico ataca a percepção da relação triangular e se projeta massivamente em seu analista para controlá-lo por dentro. Certamente está convencido de que sua forma de viver é superior à do seu analista. No entanto, não está preocupado em convencer os demais de suas transformações delirantes. O fanático, no entanto, busca compulsivamente conquistar os outros para sua verdade, incluindo o analista. Essa busca desesperada de novos continentes faz supor que existiram experiências primitivas com continentes fraudulentos, não confiáveis. A cada frustração, os aspectos terríficos se potencializam, assim como a compulsão a buscar novos objetos para serem convencidos.

O fanático se vale das transformações em alucinose para atacar a capacidade de pensar que, em última instância, revelaria sua fragilidade. As defesas maníacas, onipotência e onisciência, o tornam arrogante e estúpido. Essa mesma arrogância o leva a ataques extremamente perigosos para a humanidade.

Outras contribuições de Bion (1958/1988) permitem identificar, nas configurações descritas, a tríade arrogância, estupidez e curiosidade, indicativas de catástrofe psicótica. A arrogância, orgulho desmedido, de sentir-se onipotente e onisciente. A estupidez, que impede a percepção da inadequação das defesas. A curiosidade intrusiva (ligada a Tânatos), voraz e invejosa. Essa mesma curiosidade, quando ligada a Eros, faz com que o paciente busque tratamento.

A discriminação entre aspectos psicóticos, perversos e fanáticos não é fácil quando constituem um conglomerado. Uma diferenciação possível, de cunho descritivo, sugere que as partes psicótica e perversa visam paralisar o processo analítico, impedindo e/ou deformando as possíveis transformações criativas. Ambas atacam a capacidade intuitiva do analista. A parte fanática busca, ao mesmo tempo, convencer o analista do que o paciente considera verdade.

O fanático não suporta a psicanálise porque ela entra em contato com as limitações impostas pela realidade, desenvolve a capacidade de pensar (que depende da percepção da alteridade e, portanto, da consideração e respeito pelo outro), permite a dúvida, abre para a criatividade e o conhecimento de si mesmo. A psicanálise é uma arma contra a disseminação cancerosa da falta de sentido preenchida por verdades alucinadas. Haverá, portanto, que desvitalizá-la, atacá-la, destruí-la. Queimar livros não será suficiente. Haverá que queimar os psicanalistas.

Quando o ressentimento constitui parte importante da configuração fanática, o ideal é manter a vítima viva para que a vingança seja permanente. Reparações maníacas e obsessivas têm essa função, como vimos no material apresentado.

Sor & Senet (2010) elaboraram um abrangente estudo sobre o fanatismo. Eles assinalam que, na parte psicótica, ocorre transformação, e a parte fanática é uma área de não transformação. Propõem que, no fanatismo, a cisão profunda entre os elementos mentais faz com que eles se tornem isolados, configurando situações autistas. Não há conexão entre os aspectos fanáticos e o restante da mente.

Na disseminação do fanatismo, os autores valorizam o receptor indefeso. Trata-se de pessoas dependentes, que tendem a uniões simbióticas. Propõem como formas de contágio: a contaminação dentro do útero materno, a transmissão entre pessoas, a exposição reiterada a enunciados fanáticos principalmente na infância, além de fatores desconhecidos. Descrevem a Ideia Máxima como uma ideia alienada, causalista, que não se articula com outras ideias, não admite transformações e é extremamente coerente e estúpida.[2]

As ideias desses autores se aproximam, em vários pontos, do que se propõe aqui. Pode-se imaginar, dentro da mente fanática, uma narrativa lógica altamente complexa (simulando elementos alfa), mas estanque e imutável, como a parafernália de regras da inquisição ou do nazismo. Esse conglomerado, que parece alfa, se comporta como elemento beta e se aglomera em transformações alucinadas.

É possível supor que a verdade fanática não provocaria dano se fosse isolada, como ocorreria com eremitas e grupos fechados. No entanto, a experiência mostra que o fanático precisa disseminar a verdade. Ela busca, desesperadamente, novos continentes. No entanto, eles serão considerados insuficientes e fraudulentos. Por isso são absorvidos, em forma vingativa e voraz, pela organização fanática.

A verdade será considerada coerente e verdadeira pelos adeptos contagiados. Os não adeptos podem captar sua bizarrice, já que a configuração projetada contém o superego moralístico, partes arrogantes e obstinadas do ego, e outras partes cindidas da mente. O observador isento vivencia o Estranho/Inquietante (*Unheimlich*) (Freud, 1919/1986).

---

2 Amós Oz (2015) propõe, metaforicamente, a existência de um gene fanático em todos os seres humanos.

Falta ainda diferenciar o fanático fanatizante, criador da verdade, dos fanáticos adeptos. Possivelmente os primeiros adquiriram e desenvolveram a estrutura fanática desde o berço. Os outros são vulneráveis à identificação com o líder, em formas variadas, a partir de sua necessidade de serem "salvos" da realidade, plena de dúvidas e frustrações.

O processo analítico posterior, com T., revelou que ela dirigia seu departamento universitário de forma sedutora/autoritária, arregimentando adeptos e utilizando qualquer meio para eliminar oposição. O mesmo fazia com sua família e filhos. Sua capacidade sedutora estava fracassando. O enfrentamento por parte de colegas mais jovens e a possibilidade de aposentadoria (equacionada à morte) a obrigaram a entrar em contato com sua fragilidade e traumas primitivos.

Transformações fanáticas no interior de um momento psicótico

Não é raro encontrar aspectos fanáticos em pacientes que se apresentam em momentos evidentemente psicóticos.

Paulo vivia desde sempre em um mundo aterrorizante. Algo terrível, indefinido, estava para acontecer. Não sabia que vivia assim porque imaginava que todas as pessoas sentiam o mesmo. Hoje já consegue observar-se fora desse terror.

Começa uma sessão, sentado em minha frente, contando que recebeu uma caneta-brinde, junto com uma carta solicitando auxílio para uma entidade religiosa. Como não era de sua religião, jogou fora a carta.

Sentia necessidade de se livrar da caneta, que continha algo ameaçador. Fez uma lista de pessoas a quem poderia dar a caneta: vizinho, empregada, primo, pessoas que têm inveja dele. Não consegue decidir para quem dar, ou mesmo se vai dar. Sua cabeça parecia que explodiria e imaginou seu crânio se abrindo e seu cérebro escorrendo, como viu num filme, em que um criminoso levou um tiro no olho.

Essa imagem me faz sentir horror e satisfação. A inveja de Paulo me incomoda. Penso que a caneta seria um presente carregado de inveja. Sei que se lhe disser isso o estaria retaliando, mais que ajudando.

Pergunto-lhe se havia pensado em deixar a caneta comigo. Responde que não o faria porque eu poderia deixar a caneta sobre minha mesa. Interrompe a fala e olha fixamente para outra caneta, na mesa, em forma desconfiada. Pergunto-lhe o que está vendo. Responde que a caneta está ficando áspera e está crescendo, crescendo rapidamente. Assustado, afasta-se da mesa e me pede que tire a caneta da mesa. Guardo-a em uma gaveta.

Digo-lhe que a caneta ficou igual à que recebeu como brinde. Ambas estavam contaminadas por emoções ruins e por isso se tornaram perigosas. Pelo clima persecutório, falo devagar, prestando atenção em suas reações. Paulo diz que foi bom ouvir isso, que compreendeu. Mas por que isso acontece?

As intervenções que vêm à minha mente me parecem intelectualizadas. Permaneço em silêncio. Paulo continua: quando criança, os colegas de escola tinham inveja dele porque sua família era melhor e morava em uma casa bonita.

Digo-lhe que talvez tenha jogado fora a carta porque lhe lembrou a inveja das pessoas mais pobres.

Paulo diz que tem medo de morrer. Digo-lhe que se sentiu assustado pelo que eu falei sobre sentimentos ruins.

Responde: "todos vamos morrer um dia".

Respondo: "sim, eu também".

Paulo sorri, triunfante, e diz que eu vou morrer primeiro porque sou mais velho. Sinto um arrepio...

Paulo diz que a sessão terminou e se levanta. Digo-lhe que faltam cinco minutos. Paulo responde que as pessoas se aproveitam dele e estava indo antes de ser mandado embora. Digo-lhe que se ficar os cinco minutos, ambos poderemos aproveitar e ninguém sairá perdendo. Paulo, surpreso, diz que não havia pensado nisso.

Como foi visto, Paulo vivia em um mundo aterrorizante povoado de objetos bizarros. Defendia-se, em parte, por meio de crenças religiosas. No entanto, não podia disseminar sua verdade porque se sentia paranoicamente ameaçado pela suposta verdade dos outros, que invejava. Queria matar os infiéis, mas corria risco de morte. A manifestação de seu desejo invejoso de matar-me indicava, paradoxalmente, confiança em minha capacidade de proporcionar algum significado para seus terrores.

Quando o paciente, em um momento psicótico, revela seu desejo de eliminar quem questiona sua organização onisciente, não podemos deixar de considerar o termo "fanatismo". Imagino que, nessas situações, nos defrontamos com configurações mentais propícias para se deixarem inocular por outros aspectos fanáticos do ambiente. Penso que os aspectos paranoides de Paulo o protegeram, naquele momento, de envolver-se mais profundamente com atraentes grupos fanáticos.

Como já assinalado, existem dificuldades para diferenciar configurações fanáticas de outros fenômenos próximos e coexistentes. Há o confronto de uma complexidade defensiva com a percepção da realidade. Alguns fatores foram possíveis de identificar: traumas e frustrações, organizações narcísicas, relação continente/contido insuficiente e/ou fraudulenta, voracidade e inveja, identificação projetiva massiva, ataques aos vínculos, impossibilidade de elaboração de lutos, déficit na simbolização, descargas, objetos bizarros, ressentimento, inoculação fanática, alucinoses. As formas de conexão (ou desconexão) entre esses fatos (e outros) influenciarão as manifestações clínicas e sociais. Evidentemente corre-se o risco de reducionismo se os aspectos culturais não forem levados em conta.

4. Fanatismos contemporâneos: Anders Breivik

O capítulo descreve os fanatismos observados na contemporaneidade. Em seguida, a partir da biografia de Breivik, um terrorista norueguês, especula-se sobre fatores relacionados a esses fanatismos.

Nos capítulos anteriores, foram criadas hipóteses sobre configurações fanáticas a partir da investigação clínica com pacientes não considerados socialmente fanáticos, mas que manifestaram fenômenos desse tipo no campo analítico. Foram imaginados fatores relacionados a simbioses primitivas que são retomadas, principalmente na adolescência, com a adesão a religiões, ideologias e outros fatos sociais. Relações continente/contido experienciadas na infância como insuficientes e fraudulentas, e organizações narcísicas defensivas se articulam com inoculações precoces de elementos fanáticos, originando fantasias que se manifestam como fanatismo. A esses fatores juntam-se déficits nos processos de simbolização, ressentimento e transformações em alucinose, entre outros derivativos.

Ainda que o comportamento fanático seja similar na história de humanidade, os fatores que os desencadeiam se relacionam com variáveis sociais que insuflam o comportamento em determinadas fases do funcionamento de cada sociedade. Dessa forma, o que se considera fanatismos "contemporâneos" são bastante parecidos aos fanatismos do passado. Mesmo a influência de aspectos sociais em seu conteúdo não é suficientemente original, como se verá adiante.

Também se observará, foram incluídas nas defesas fanáticas um conglomerado em que se identifica a negação (*verneinung*) (Freud, 1927/1976a) e a recusa (*verleugnung)* (Freud, 1927/1976b) da realidade, com a criação de fetiches idealizados que substituem a percepção da incompletude. Transformações alucinatórias fazem com que o fanático se sinta orgulhosamente identificado com uma espécie de Deus todo-poderoso, onisciente e onipotente (Cassorla, 2019a; 2021c). Classicamente, esse objeto idealizado é projetado em alguma religião ou ideologia política cujos adeptos são considerados superiores.

Sabe-se que o fanático vive em um mundo paranoico, cercado de inimigos que visam exterminá-lo. Trata-se de um evidente mecanismo projetivo. Curiosamente, não é raro que ocorram dissidências internas e um grupo se sente ameaçado pelo outro, considerado traidor. O fanático, ameaçado, tem que se defender exterminando os supostos inimigos. Ao mesmo tempo, a insegurança inconsciente torna imperiosa a necessidade de conquistar adeptos para que se forme uma massa homogênea que lutará pela verdade seduzindo ou eliminando os inimigos da causa (Cassorla, 2005a). Aqueles que não concordam com a massa deverão ser eliminados, considerados "lixo" não humano.

Nos movimentos fanáticos contemporâneos, predominam duas vertentes: o jihadismo, isto é, o extermínio dos "infiéis" pela força dando lugar a uma determinada sociedade islâmica, e a ultradireita. Esta última tem se revelado cada vez mais poderosa. Incluem os neofascistas; os nacional-socialismos; e um amálgama de adeptos do supremacismo e nacionalismo brancos, da misoginia e homofobia extremas, do antissemitismo e do combate à imigração. Os aceleracionistas – ramo do supremacismo – pregam a ação violenta imediata. Os *incels* (celibatários involuntários) acusam o feminismo por suas dificuldades afetivas e sexuais e pregam uma sociedade de machos alfa. As teorias de conspiração (como os QAnon) estão sempre presentes e a internet é o campo de batalha virtual. Identificaram-se 410 grupos de ultradireita na Europa em 2023.[1]

Não é improvável que esses fanatismos se modifiquem. Em determinadas sociedades, grupos autodenominados "cristãos" condenam de forma fanática as conquistas das mulheres e dos grupos LGBTQIA+, que são desumanizados. A interpretação seletiva de textos bíblicos se assemelha ao que fazem grupos islâmicos e outros fundamentalistas. O mesmo pode ocorrer quando uma ideologia "salvacionista" seduz imensos grupos populacionais que, sem perceber, acabam se tornando submissos, perdendo a capacidade de ter pensamentos próprios. Assim como o livro de George Orwell *1984* – publicado em 1949 – denunciou essa possibilidade, *O conto da Aia* de Margarete Atwood (2017) antecipa uma possível reação antifeminista em que mulheres, desumanizadas, são utilizadas apenas para a reprodução.

Um terrorista fanático contemporâneo

O conhecimento psicanalítico pode utilizar-se de informações para além do campo analítico, como os mitos, os relatos antropológicos e históricos, as obras ficcionais e as biografias. Seu estudo detalhado, orientado pela teoria psicanalítica, pode estimular formas de compreensão da própria teoria. Como já assinalado, corre-se o risco de tentar adaptar a teoria ao relato.

Consciente dessa possibilidade, detenho-me ao livro *Um de nós*, da autora norueguesa Asne Seierstad (2016), dedicado ao atentado terrorista ocorrido em 22 de julho de 2011, em que Anders Breivik matou 77 pessoas e feriu outras 51. Por meio de um minucioso

1 Os dados são do jornal espanhol *El País* de 20 de janeiro de 2024. Disponível em: https://elpais.com/eps/2024-01-20/terror-invisible-asi-es-la-nueva-ola-de-ultraderecha-que-defiende-pasar-a-la-accion-terrorista.html. Acesso em: 30 nov. 2024.

estudo, ela nos coloca em contato com as emoções das vítimas e faz uma pormenorizada descrição da vida e ideias de Breivik. Tento "sonhar" a partir das experiências emocionais suscitadas pela leitura. O leitor – cujo acesso ao livro não é difícil – poderá ter seus "sonhos" próprios. "Sonhos" conjuntos ampliam a capacidade de pensar, ainda que se deva estar alerta para os ataques a ela (Cassorla, 2016b).[2]

Anders Breivik, após um cuidadoso planejamento que durou meses, invadiu um acampamento de jovens do Partido Trabalhista, atirando indiscriminadamente. Poucas horas antes havia colocado uma bomba próxima ao parlamento norueguês.

Wensche, a mãe de Anders, é descrita como uma mulher frágil e com intensos episódios depressivos. Quando nasceu, em 1946, ela teve poliomielite e ficou paraplégica. Wensche passou os primeiros anos de sua vida em um orfanato. Em seguida, conviveu com sua mãe viúva, por quem não se sentia aceita. Tinha pensamentos suicidas. Posteriormente, ela desenvolveu um quadro psicótico que perdurou até sua morte.

Wensche escapou de sua família com 17 anos, mudando-se para Oslo. Aos 26 anos, engravidou do namorado e não quis abortar; Elizabeth, irmã de Anders, nasceu em 1973. Quatro anos depois engravidou de um diplomata e se casaram. Anders tinha 6 meses quando o pai foi transferido para Londres, onde Wensche ficou profundamente deprimida. Abandonou o marido, retornou para Oslo com as crianças e pediu separação. Anders somente se encontrou com seu pai 4 anos depois. Seierstad nos conta que Wensche aprendeu a suportar a dor sob um exterior polido.

O início da vida de Anders mostra um bebê chorão e exigente, imprevisível e violento. Vivia grudado na mãe, que não o suportava.

2 A situação é também abordada no filme 22 de julho (Netflix), que está comentado no canal do YouTube do Museu da Imagem e do Som (MIS). Disponível em: https://www.youtube.com/watch?v=TSbnEuGPBEA. Acesso em: 30 nov. 2024.

Vale lembrar que a Noruega era um estado de bem-estar social resultado de governos social-democratas. Wensche pediu uma pessoa de apoio para ajudar com as crianças, o que lhe foi concedido. Pouco depois, solicitou uma família de fim de semana para deixar seus filhos. Precisava de folga do insuportável Anders. Seierstad conta que Wensche pediu para que deixassem Anders tocar no pênis do pai de fim de semana. Segundo ela, isso era importante para a sexualidade do menino, pois ele "só via meninas fazendo xixi". Meses depois, Wensche pediu ao conselho tutelar uma família de acolhimento e queria que as crianças "fossem às favas" (p. 25). Anders nunca a deixava em paz. "De noite, dormia na cama dela, bem pertinho e a 'importunava'" (p. 25).

A política da Noruega mudava. O movimento feminista dos anos 1970 abriu caminho para Gro Bruntland. Como primeira-ministra, foi alvo de discursos de ódio, difamada e ridicularizada. Em 1981, o Partido Trabalhista perdeu as eleições e a direita tomou o poder. Mudanças neoliberais foram implementadas, ameaçando o bem-estar. A oposição, liderada por Bruntland, resistia e tornou-se objeto de ódio de Wensche e de quase metade da população. Os movimentos descritos iriam se tornar rotineiros no resto do mundo ocidental.

Anders se tornava um menino cada vez mais difícil. As crianças do seu bloco o chamavam "menino mecano" pelo seu movimento "rígido e angular... (parecendo) um conjunto de peças para montar" (p. 38). O conselho tutelar encaminhou a família para avaliação psiquiátrica e foi indicado um tratamento. Anders, com 4 anos, teve de frequentar o jardim de infância que fazia parte do programa terapêutico. No relatório do avaliador constam as frases: "incapacidade de se envolver em brincadeiras... desconhece brincadeiras de faz de conta... carece de espontaneidade, iniciativa, imaginação e empatia... falta-lhe linguagem para expressar suas emoções... participa de forma mecânica nas atividades... sem demonstrar alegria ou vontade... se tornava mais agitado quando alguém procurava contato.... (havia) um sorriso forçado, defensivo" (p. 38).

Surpreendentemente, Anders adaptou-se ao ambiente e se concluiu que não havia "danos psicológicos individuais" (p. 40). Possuía recursos que poderiam ser desenvolvidos se a situação doméstica mudasse. Wensche foi diagnosticada com um transtorno de personalidade *borderline*. Deveriam ser evitadas situações de instabilidade e a recomendação era ajudá-la a estruturar sua vida externa. Em outro relatório, consta que o relacionamento com a mãe era "muito ambíguo, já que ela, por um lado, o liga simbioticamente a si mesma e, por outro, o rejeita de forma agressiva. Anders é vítima das projeções da mãe de um medo paranoico, agressivo e sexual em relação aos homens em geral". O relatório conclui: "Dado o relacionamento fortemente patológico entre Anders e a mãe, será muito importante entrar com medidas o quanto antes para prevenir um sério desvio no desenvolvimento do menino". Sugere-se uma família de acolhimento com estabilidade. "No entanto, a mãe se opõe fortemente a isso, e não são claras as consequências de uma intervenção forçada" (p. 42).

A situação se alterou quando o pai, ciente dessas recomendações, solicitou a guarda do menino. Iniciou-se um processo judicial mantendo-se Anders sob a tutela da mãe até o julgamento. Tempos depois o pai desistiu do processo, vendo que suas chances de vencer eram pequenas. A preferência pela mãe mostrava que as coisas ainda deveriam desenvolver-se na tão adiantada Noruega, nos alerta a autora.

O psicólogo do Centro Nacional de Psiquiatria Infantojuvenil não desistiu e exigiu que se alterasse a guarda de Anders. O advogado da mãe o acusou de "perseguição monomaníaca". O caso se transformou com uma nova avaliação do jardim de infância, que descreveu um "menino feliz e contente". Segundo o pai, a avaliação foi feita por uma amiga de Wensche. Finalmente, na Comissão de Proteção ao Menor, uma funcionária inexperiente (segundo Seierstad) foi convencida pela mãe e seu advogado a um meio-termo. Anders continuaria com a mãe. Foram feitas três inspeções no domicílio, cujo parecer foi favorável à mãe. Dessa forma, o processo foi arquivado. Anders contava 5 anos.

Nos anos seguintes, os imigrantes foram chegando ao bairro de Anders. A maioria islâmicos contratados por falta de mão de obra, depois mais islâmicos em busca de oportunidades. Em seguida, refugiados de ditaduras latino-americanas e mais refugiados islâmicos. Anders convivia com eles sem problemas.

Em 1986, o Partido Trabalhista retornou ao poder graças a um atrito entre os partidos de direita. Gro Brundland se tornou primeira-ministra. Implementaram-se mudanças. As licenças maternidade e paternidade foram prolongadas, a educação infantil expandida, as famílias monoparentais tiveram mais direitos. A polarização social se manifestava na acusação de "feminismo estatal", de matriarcado, de "Estado Vaginal". A vida escolar de Anders ocorreu nesse ambiente.

Anders era um menino esquisito e gostava de ficar isolado observando os demais. Seierstad descreve seus experimentos maltratando animais e os vizinhos sentiam seus animais de estimação ameaçados. Caçoava e agredia principalmente os que não falavam a língua em forma suficiente para se defender. Atirava pedras e se alguém chorasse se deliciava, "havia brilho em seus olhos" (p. 51). Quando o pai de uma menina deficiente com quem fazia *bullying* o ameaçou de "pendurá-lo no varal do porão" a deixou em paz.

Aos poucos, Anders começou a se relacionar com outros meninos e seu comportamento se aproximava da média. Seu primeiro amigo foi Ahmed, um paquistanês, após este ter batido em Anders por ter sido maltratado por ele.

No final dos anos 1980, Saddam Hussein resolveu aniquilar os curdos, infiéis. Maomé havia decretado que os incrédulos seriam congregados no inferno. Os turcos já haviam feito o mesmo com os armênios (1915-1923). Outros movimentos terroristas avançavam e os jihadistas se tornaram mais poderosos, insuflados pelas disputas entre as grandes potências e pelos diferentes países árabes. A sociedade cristã, ocidental, repleta de infiéis, seria seu alvo principal. Muammar Kadafi, o ditador da Líbia, dizia que não precisava de bombas para dominar o ocidente. Bastava as "barrigas de suas mulheres".

Anders, já adulto, continuou morando com a mãe, sua única conselheira. A relação simbiótica era evidente. Envolveu-se em negócios e fracassou em alguns. Teve muito sucesso imprimindo diplomas falsos para "decoração". Seu negócio foi interrompido quando o governo dos Estados Unidos ficou preocupado com a quantidade desses diplomas que eram passados como verdadeiros.

O detalhismo de Anders se manifestou em outras áreas. Revelou-se um dos pichadores mais importantes da cidade. Esse fato o colocou em contato com disputas de gangues por prestígio e admiração. Suas características de liderança se opunham a seus aspectos vorazes e, aos poucos, foi expulso dos grupos. Na escola, passou a ser ridicularizado e humilhado. No livro dos formandos de 1995 constava: "Antes, Anders fazia parte da turma, mas depois se tornou inimigo de todos." "Anders faz coisas estúpidas, sem motivo, como bater no diretor." Em seguida, havia uma relação dos "perdedores" da sala, grupo ao qual Anders pertencia. Estava com 15 anos e o pai, que tentara acolhê-lo em sua nova família, o repudiou.

Anders investia em seu corpo. Operou o nariz, usava pó de arroz, cuidava de seu cabelo que estava caindo e se dedicava a intensos exercícios físicos. Considerava-se metrossexual. Resolveu entrar na política iniciando pela juventude do Partido Progressista, de direita. Conseguiu galgar posições graças a seu conhecimento amplo – adquirido na internet, segundo Seierstad – e por um jogo de sedução oferecendo-se para atividades, principalmente de imprensa. Abandonou o partido quando seu nome não foi incluído entre os candidatos para a Câmara Municipal. Sua última mensagem alertava para uma guerra civil quando os muçulmanos se tornassem maioria na Noruega.

Em seguida, Anders tornou-se um dos principais líderes de videogames violentos. "Andersnordic" controlava minuciosamente seus companheiros de luta, que se espalhavam, pela internet, por toda a Europa. Seu avatar era altivo e forte, com um rosto cinzento, ameaçador. Jogava em tempo integral e em 6 meses atingiu o nível mais elevado possível. Tornou-se um Justiceiro e líder do World of Warcraft, a elite do poder. Anders dedicou-se a essa vida por cinco anos, treinando sua capacidade de destruir inimigos.

Logo depois, ficou obcecado por *sites* de extrema-direita. Todos pregavam a supremacia do homem branco e a destruição da influência do islã no Ocidente. Criticavam os socialistas, as feministas, os politicamente corretos. Denunciavam as injustiças cometidas contra os europeus, as cabeças degoladas, os cavaleiros castrados, os estupros em massa. Retornavam à Idade Média e à época das Cruzadas. A expulsão dos otomanos no cerco de Viena (1683) era cantada. Seierstad nos mostra como Anders deformava as notícias, transformando-as a ponto de dizer que os eventos que ocorriam na Europa terminavam por culpa dos inimigos socialistas, do marxismo cultural e, principalmente, dos imigrantes que dominariam o continente. Na Noruega, o principal responsável por tudo isso seria o Partido Trabalhista.

Anders, finalmente, escreveu seu livro. Seierstad detalha a repetição constante de chavões copiados da internet, alertando para os perigos do islamismo e a ameaça à civilização ocidental. Culpava-se o marxismo cultural, cuja derivação, o feminismo, havia tomado conta da cultura. Os inúmeros inimigos eram nomeados: multiculturalistas, "humanistas suicidas", políticos capitalistas-globalistas, imprensa, universidade, cientistas e líderes religiosos acusados de "genocídio cultural dos indígenas da Europa e da invasão estrangeira e colonização muçulmana". "Eles eram também responsáveis pelo estupro de meio milhão de mulheres europeias e o apoio ativo ao feminismo, emocionalismo, igualitarismo e islamismo" (p. 215). A escalada de ódio e ressentimento era evidente.

A declaração de guerra mostrava, de forma meticulosa, a estratégia. Líderes de partidos políticos, sindicatos e instituições culturais seriam mortos. Os marxistas culturais poderiam ter a pena atenuada em determinadas circunstâncias. Os multiculturalistas seriam perdoados caso capitulassem. Os muçulmanos seriam deportados seguindo um esquema detalhado e todos os vestígios de sua cultura seriam extintos.

A primeira fase da guerra duraria até 2030. Ela seria travada a partir de células secretas sem contato entre si. A segunda fase, entre 2030 e 2070, teria formas de resistência mais sofisticadas e terminariam derrubando os governos da Europa. A partir de 2083 haveria paz, as brigadas revolucionárias do conservadorismo teriam ganho a guerra e a sociedade seria reconstruída. A Knights Templar era a organização que lideraria esses processos. Anders era o líder supremo, o Justicious Knight Commander. Em seu túmulo apareceria a inscrição "Nasceu na escravidão marxista... Morreu como mártir na luta contra o regime marxista criminal". E, se fosse preso, deveria aproveitar o julgamento para disseminar suas ideias.

O próximo passo era provocar uma catástrofe para chamar a atenção. Entre várias possibilidades, optou por eliminar jovens do Partido Trabalhista. De forma espetacular, divulgaria suas ideias e mostraria seu heroísmo. A minuciosidade e paciência envolvidas no planejamento e execução do atentado o levaram à perfeição. O ataque ao acampamento envolveu a perseguição aos jovens, atirando nos feridos até a morte, com um ódio para além de qualquer culpa ou piedade.

Anders aproveitou o julgamento para se exibir. Fazia a saudação nazista e justificava racionalmente que não podia estar sendo julgado por uma corte contaminada. Durante o processo foi diagnosticado como esquizofrênico. A opinião pública e ele mesmo não estavam de acordo. Era humilhante ser considerado um doente mental. Os laudos foram refeitos e, finalmente, Anders – satisfeito consigo mesmo – recolheu-se à prisão como uma pessoa sadia. Continuou, por todos os meios, a disseminar suas certezas. Atualmente, está processando o estado norueguês, responsabilizando-o pela depressão que teria adquirido enquanto preso. Seierstad , em minha opinião, minimiza a inteligência de Anders, utilizada perversamente.

Identificando fatores

O psicanalista se sente satisfeito por ter um documento detalhado sobre a vida de Anders. No entanto, tem consciência de que a autora do livro somente pôde descrever seu comportamento manifesto. As testemunhas não são isentas, assim como a própria autora.

O autor lembra-se do controvertido livro de Freud & Bullitt (1931/1984) sobre Woodrow Wilson, que o surpreendeu pelo envolvimento emocional de Freud com o biografado. Sabe que corre o mesmo risco e espera que essa percepção o ajude.

O relato remete a uma mãe que se vale das defesas encontradas em configurações *borderline*. Essas defesas se nutrem de traumas precoces, fatores para déficit nos processos de simbolização e dificuldades na discriminação entre *self* e objeto. A triangularidade é vivenciada como traumaticamente ameaçadora. O indivíduo teme a sensação de não existência que se manifesta como tédio, vazio, permeado por aspectos persecutórios (Cassorla, 2016b; 2021c).

A ansiedade de não existência pode ser controlada por meio do grude com o objeto primário, na realidade e na fantasia. Essa simbiose (que pode se alternar com retraimento autístico) é retomada com outros objetos altamente idealizados, como ocorre nas crenças fanáticas.

Impõe-se a hipótese de que Wensche projetou em seu filho a relação simbiótica internalizada. A confusão materna, seduzindo Anders ao mesmo tempo que o rejeita, indica sua dificuldade de relacionar-se com um objeto separado dela mesma. A concretude do pensamento da criança, sua impossibilidade de fazer de conta, sua rigidez defensiva, mostram a dificuldade de Anders se humanizar.

Vale lembrar de que a adolescência constitui um segundo processo de dessimbiotização. Como descrito no Capítulo 3, o jovem é estimulado pelo ímpeto pulsional e pela atração do mundo exogâmico a buscar novos objetos, com os quais pode repetir a simbiose. Ao mesmo tempo, deve elaborar os lutos pelas prerrogativas da infância e pelos pais que deve abandonar. Quando a capacidade de simbolizar é suficiente, a simbiose é desfeita, abrindo-se espaço para o édipo, a alteridade, a relação com o outro discriminado de si mesmo. Quando não existem recursos para que isso ocorra, a ameaça de ruptura da relação simbiótica é vivenciada como terror de não existência. Este fato é bem conhecido em situações em que um(a) jovem tenta se matar após imaginar perder seu namorado(a) idealizado, ou quando o mata, como se nota principalmente nos feminicídios (Cassorla, 2021e; 2024b; 2024f). Outras formas de manter a simbiose, nas jovens, é a gravidez. Os atritos com os pais – que não se pode deixar e, ao mesmo tempo, são sentidos como sufocantes – se manifestam claramente nos relatos da família de Anders.

A sociedade oferece aos jovens a possibilidade de retomar a simbiose com líderes ou situações idealizadas. A pessoa, desamparada, se torna adicta a religiões e seitas fanáticas que prometem a salvação caso sigam seus preceitos. O suicídio coletivo (como na seita de Jim Jones) adianta que um mundo idealizado está disponível também após a morte. O mesmo ocorre com os terroristas islâmicos, com as crianças e jovens das Cruzadas e em situações similares.

Outras formas de fusionar-se ao objeto idealizado são fornecidas pelas ideologias. Jovens e crianças, mais vulneráveis, são seus alvos principais. Juventude nazista, Juventude Comunista e similares fazem o indivíduo sentir-se pertencente a algo superior, transcendente, uno com líderes-deuses. Estamos em área fanática. Os fãs (termo derivado de fanático) de um artista, um astro do esporte, costumam retornar à razão após os *shows*. Nem sempre isso ocorre quando a compulsão de preenchimento se utiliza de drogas, redes sociais e violência.

Imagino que a necessidade compulsiva de Anders de sentir-se existente o levou às gangues pichadoras. A simbiose pode ser acompanhada de defesas obsessivas e intelectualização. A fusão de maior sucesso ocorreu com o envolvimento nos games de guerra. Anders tornou-se um líder, famoso em toda a Europa.

Observa-se como os grupos terroristas buscam adeptos entre os jogadores de games violentos. Estudos sobre ataques a escolas mostram isso (Cassorla, 2023a). As ideias de ultradireita se mostraram ideais para Anders projetar seus ressentimentos. Um dos fatores para a misoginia de Anders pode ser o ódio de uma mãe rejeitante e sufocante (Cassorla, 2019a). Winnicott (1989) mostra como a dependência da mãe pode redundar em ódio contra as mulheres, em ambos os sexos. Misoginia, assim como os outros fenômenos estudados, envolvem complexidades que não podem ser reduzidas a alguns fatores.

Anders não esconde sua admiração invejosa pelas gangues de imigrantes, poderosas e sem medo, ao contrário das norueguesas, "feminilizadas". Seu maior ressentimento parece ser da sociedade de bem-estar social que ajudava os imigrantes (se esquecendo de que sua família também foi ajudada) e, dessa forma, retirava os recursos de uma Europa decadente tomada pelo marxismo cultural. Para Anders, assim como para os neoliberais, o mérito é o que importa e os mais fortes devem dirigir e governar.

Anders não suportava a realidade e tentava escapar por meio da criação de um mundo perfeito. No próximo capítulo, situações em que predominam as defesas negacionistas serão abordadas.

5. Negações e negacionismo

A partir do estudo de situações clínicas e dos mitos de Narciso e Édipo discutem-se fatores que conduzem à negação da percepção da realidade e ao negacionismo como fato social.

Ao contrário do que foi feito com o fanatismo, o estudo do negacionismo partirá de mitos e situações clínicas hipotéticas que auxiliarão na formulação de hipóteses sobre o negacionismo na sociedade. Neste capítulo, será salientada a questão do "ver" e "não ver".

É sabido que o bebê se conhece no olhar da mãe. Esta observação mostra a importância do aparelho visual. A percepção do rosto da mãe por parte do bebê inclui outros órgãos sensoriais, como audição, olfato, tato, além de importantes capacidades, menos conhecidas, que captam os afetos.

Existem, no entanto, situações em que a visão, o ver, se transforma em um problema. O conhecimento psicanalítico se iniciou justamente quando Freud descobriu que suas pacientes histéricas não queriam "ver", isto é, entrar em contato com afetos e lembranças decorrentes de supostas seduções realizadas por adultos próximos. Posteriormente, Freud verificou que esses fatos podiam ser apenas fantasias, reprimidas e substituídas por outras fantasias negacionistas em forma de sintomas e falsas lembranças.

Narciso: não ver si-mesmo

Sabe-se que a ninfa Liríope engravidou após ter sido violentada pelo rio Céfiso. A beleza de seu bebê, Narciso, era tão grande que Liríope ficou preocupada. Havia o perigo do excesso, condenado pela cultura grega. Liríope consulta Tirésias, o adivinho cego. Ele vaticina que Narciso morrerá se olhar o seu próprio reflexo.

Proponho que esse era o desejo de Liríope: que Narciso não se visse. Que seu filho se visse apenas nela, assim como ela se via nele. Que ambos fossem um, como antes de Narciso nascer. Como consequência, Narciso não constitui mente própria e se torna inapto para viver na realidade, onde *self* e objeto estão discriminados. Os objetos serão espelhos, um prolongamento de seu *self*.

Narciso desperta paixões que, orgulhoso, não considera. Ele não precisa do outro, se sente autossuficiente. Em determinado momento encontra a ninfa Eco, condenada a repetir os últimos sons que ouvia. Era um castigo por distrair Hera, contando-lhe histórias enquanto o marido, o poderoso Zeus, a traía com jovens mortais. O castigo de Eco era refletir o outro.

Narciso não vê Eco, apenas um reflexo. Imagino que, em um tênue momento de acesso à triangularidade, percebe-a como um ser diferente. Sente-se aterrorizado e diz que prefere morrer a ceder ao amor da ninfa. Instantaneamente retoma a organização narcísica, que já é uma espécie de morte em vida.

Agora Narciso se aproxima de uma lagoa. Olhando para a água, vê um belo rapaz, de quem se enamora. Após um jogo de sedução, Narciso poderia atirar-se na água em busca do amante – sem perceber que é sua imagem – e morreria afogado. Trata-se de um suicídio como fusão com o objeto idealizado. Um parto ao contrário (Cassorla, 2019b).

A dialética ver/não ver faz parte do mito. "Ver" implica entrar em contato com a triangularidade, com o mundo da realidade – tanto gratificante como frustrante. "Não ver" se vincula a "não dar à luz", em constituir uma simbiose indiscriminada com o objeto primário. Estamos no Paraíso, no qual antes que surja qualquer necessidade, ela já foi satisfeita. "Ver a luz", nascer, é cair no inferno, onde o terror de aniquilamento está sempre presente.

O modelo das pulsões de vida e de morte se impõe. Enquanto Narciso prefere manter-se emocionalmente morto (fugindo da vida ameaçadora), adiante se verá Édipo digladiando com as vicissitudes de sentir-se vivo.

Tirésias

Conta-se que o jovem Tirésias viu duas serpentes copulando e matou a fêmea. Por esse motivo, foi transformado em mulher. Anos depois, teve a mesma percepção e matou o macho. Tornou-se homem.

Hera, enciumada das traições de Zeus, o defronta com sua infidelidade. Este argumenta que a mulher tem mais prazer sexual que o homem. Hera, inconformada, manda chamar Tirésias, que havia sido homem e mulher. Este confirma Zeus, dizendo que o prazer da mulher é nove vezes maior que o do homem (Brandão, 1992).

Hera, enfurecida, pune Tirésias com a cegueira. Pode-se supor que Hera – como objeto interno – castiga pela curiosidade e ataques ciumentos e invejosos à cena primária, representada tanto pelas serpentes como pelo casal divino.

Trata-se do mesmo dilema visto há pouco: os perigos da discriminação, agora entre o bebê e a dupla parental. A solução (também punição) é perder o órgão excitantemente curioso e invejoso. Na Bíblia encontra-se: "Se um dos teus olhos te faz pecar, arranca-o, e lança-o fora de ti..." (Mateus 18:9)". Para não perder os olhos, pode-se fingir nada ver. Talvez acreditemos que demos à luz a nós mesmos.

O final da estória leva a outra direção. Pois, Zeus, para compensar o castigo de Hera, dá a Tirésias a capacidade adivinhatória. A perda da capacidade de ver a realidade material é compensada com o olhar para dentro, "ver" o invisível. Freud alertará que o psicanalista deve cegar-se para melhor poder ver a luz (carta a Lou Andreas Salomé) (Bion, 1970/1973). O ofuscamento pela realidade material compromete a capacidade de "in-tuir", ver dentro.

O paciente concreto, voltado para a realidade material, cega-se para as nuances das emoções devido ao *déficit da função simbólica.* Vê demais porque *não pode ver*.

Jocasta e Édipo

Se Narciso não vê para evitar o contato com a triangularidade, Jocasta e Édipo também tentam escapar dela. O leitor cuidadoso se dá conta de que Jocasta "fecha os olhos" para as evidências de que Édipo é seu filho e que ele matou Laio (Steiner, 1985; Cassorla, 1993).

Jocasta quer ter, de novo, seu filho dentro dela, como antes de ter "dado à luz". Não só consegue como tem quatro filhos que serão também irmãos de Édipo. Suponho que Jocasta adora estar grávida, fusionada com seus bebês.

Mãe e filho haviam criado outra realidade em relação a origens e negavam fantasias homicidas e incestuosas. Édipo constituiu uma espécie de delírio, ainda que se defrontasse, constantemente, com evidências que o deixavam confuso e diante das quais tinha novamente que se cegar. Penso que a peste revelava a loucura que não conseguiu ser mantida encistada quando Édipo atingiu a mesma idade em que Laio foi morto (Cassorla, 2016c).[1]

Quando se torna impossível negar a verdade, Jocasta se mata. Édipo arranca os broches das roupas da mãe/esposa e fura seus olhos, os olhos que viram, mas não queriam ver. Cego como Tirésias, também se tornou sábio.

---

1 Essa situação será aprofundada no Capítulo 8 com a abordagem do mecanismo "fazer vista grossa".

A complementaridade entre Narciso e Édipo e a cegueira existente em ambas as configurações emocionais faz lembrar que, em todo ser humano, há um Narciso que deseja continuar Narciso; um Narciso transformando-se em Édipo que, assustado com a triangularidade, tenta voltar a ser Narciso; um Édipo que vive na triangularidade, mas sente medo e tem saudades de ser Narciso; um Narciso que anseia por ser Édipo, mas se assusta com isso; e assim por diante. Essas posições oscilam, e isso faz parte da vida.

As configurações se tornam confusas enquanto não há elaboração adequada. Estamos diante do dilema hamletiano: "Ser ou não ser, eis a questão". Ser é viver na realidade, em que existe frustração, ciúme, inveja, sexo e impulsos assassinos. Ser é Édipo. Não ser é a não vida narcísica. Viver (na triangularidade edípica) ou morrer (o suicídio narcísico), eis a questão.

"Nunca vi esses homens..."

Quando Silvia entrou na sala, com sua mãe a tiracolo, sua calma estranha se contrapôs ao meu cansaço, despertando-me curiosidade. Era mais um paciente que atendia no ambulatório e sabia que havia outros. A mãe me conta que ela perdeu a memória, não se lembra do que ocorreu nos últimos dias e não reconhece seu pai e irmãos. Silvia olhava para o nada, como se não estivesse ali. No entanto, tinha a sensação de que ela me esquadrinhava. Antes de sair da sala, a mãe se lembrou: ela não reconhece nem o namorado.

Em seguida, Silvia confirma o relato da mãe. Um dia acordou e percebeu que estava morando em uma casa com estranhos. Sua mãe – que ela reconhecia – lhe "apresentou" seu pai, o tio e seus dois irmãos. Um rapaz desconhecido a havia visitado e a mãe lhe disse que era seu namorado.

Silvia falava sem qualquer emoção, ou melhor, ao tentar mostrar alguma era evidente que o esforço era falso. A emoção era minha por estar diante de uma dissociação histérica "de livro". Logo se impôs um fato: todas as pessoas "estranhas" eram homens.

Na consulta seguinte me disse que nada havia mudado. Seu namorado tentava fazê-la se lembrar de episódios que haviam vivido juntos, mas ela não tinha a menor ideia do que ele dizia. Contou-me que era um rapaz bonito e se sentia contente com a preocupação dele com ela. Percebo-a sedutora.

Na terceira consulta me conta que, graças ao namorado, se lembrou de alguns fatos ocorridos na véspera de seu esquecimento. Os dois haviam ido a uma festa. Lembra-se da intensidade do som e da luz. Conta que essas percepções a atormentam, dentro de sua mente, desde que se lembrou delas. Enquanto me conta, já associando livremente, me diz – sem qualquer emoção – que seu namorado lhe contou que haviam transado, pela primeira vez. Não se lembra, mas admite a possibilidade.

Durante as semanas subsequentes, Silvia passa a reconhecer o pai e os demais homens da casa, retoma o namoro, mas não quer ter relações sexuais e tem dúvidas se a relação sexual esquecida realmente ocorreu. Não quer contar para a mãe e teria horror de consultar uma ginecologista. No entanto, Silvia parece muito à vontade em contar-me tudo isso.

Aproveito a vinheta para discutir os ataques à percepção da realidade, já vista nos personagens míticos. A alucinação negativa de Silvia não se dirigia apenas aos objetos, mas ao que eles – traumaticamente – despertavam. Estamos diante do que Freud (1927/1976a) descreveu como negação (*verneinung*). "Este não é meu namorado – é um estranho" revela a necessidade de expelir algo mau – juízo de atribuição – que, em seguida, deixa de existir. O namorado e os homens não reconhecidos são, por condensações e deslocamentos, representantes da relação sexual traumática que, por sua vez, por meio de uma complexa rede de significantes retroagiria a traumas edípicos vinculados a traumas primitivos.

Pode-se dizer que Silvia ataca o funcionamento de seu órgão visual e fica "cega" para aspectos da realidade. O termo escotomização foi também utilizado por Freud. Em outro texto (Cassorla, 1993) usei a expressão "fazer vista grossa" como tradução do inglês *turn a blind eye*, usado por Steiner (1985). Essa frase teria origem na lenda de que Lord Nelson, no cerco de Copenhagen (1801), recebeu ordens para recuar, mas fingiu não ver os sinais colocando sua luneta no olho que havia perdido em uma batalha anterior.

Em *O fetichismo*, Freud (1927/1976b) avança no estudo desses fenômenos estudando a recusa (*verleugnung*). Ele se refere ao ataque à percepção da falta do órgão masculino na mulher, assunto que vai derivar para o amplo tema da castração. O trauma do contato com a falta faz com que o ego se cinda: uma parte aceita a castração e a outra a recobre com uma realidade criada pelo indivíduo. Essa neorrealidade se chama fetiche. Freud propõe que o fetiche se forma a partir das percepções anteriores e posteriores ao evento traumático.

> *A instauração de um fetiche parece antes obedecer a um processo que lembra a detenção da memória na amnésia traumática. De modo semelhante, . . . a última impressão antes do que foi traumático, inquietante, seria conservada como fetiche. Assim, o pé ou o sapato deve sua preferência como fetiche – ou parte dela – à circunstância de que a curiosidade do menino olhou a partir de baixo, a partir das pernas, para o órgão genital da mulher; veludos e peles – como há muito se presumia – fixam a visão dos pelos púbicos, à qual seguiria a ansiada visão do membro feminino; as peças íntimas de roupa, tão frequentemente tomadas como fetiche, retêm o instante do desnudamento, no qual ainda se podia imaginar a mulher como fálica. (p. 247)*

Com Silvia pode-se considerar o som da festa como uma espécie de fetiche. O não reconhecimento do sexo masculino fazia com que não reconhecesse que existiam dois sexos. A não existência de homens impediria que ela se desse conta de sua incompletude. Incompletude ainda mais traumática por ter descoberto que o pai e os irmãos (e por deslocamento, todos os demais homens) eram tabus.

Outras manifestações de "cegueira"

Alice, uma paciente mitomaníaca encaminhada para laudo psiquiátrico ficava "cega" diante de determinadas pessoas. O estudo cuidadoso mostrou que ela deixava de ver somente algumas pessoas. Logo ficou evidente que seus gestos e "não olhares" revelavam componentes depreciativos invejosos. Era capaz de saudar várias pessoas de um grupo e pular aquela que "não via". Ao mesmo tempo que difamava essas pessoas, transformava-se em outra quando precisava de algo da pessoa desprezada. Esta voltava a ser "vista". Uma vez conseguido seu intento, a pessoa era novamente "não vista". O estudo detalhado mostrou a relação entre o "não ver" os outros e "não ver" sua parte invejosa que, por sua vez, se associava à identificação desses "outros" com objetos arcaicos. A aparente dissociação histérica era acompanhada por componentes perversos.

O leitor deve se lembrar de situações sociais desse tipo, principalmente na infância e na adolescência, em que pessoas são consideradas "não existentes", passando-se ao largo delas como se não existissem. No entanto, era evidente que elas existiam em forma incomodativa por provocarem raiva e inveja. Pessoas infantilizadas usam os mesmos mecanismos quando adultas e se percebe seu "olhar torto", isto é, seu conflito entre ver e não ver o objeto invejado.

O medo do "mau olhado" indica a percepção do perigo que o ódio dessas pessoas representa. O "olho-grande" revela a voracidade invejosa em que o olhar vê (e procura não ver) muito mais do que realmente existe. A etimologia de inveja (*in-vidia*) indica penetrar com os olhos em forma malvada.

Já Richard foi encaminhado por seu oftalmologista devido a uma progressiva diminuição da acuidade visual. A despeito de sofrer de uma retinopatia, o médico pensava que existia um fator emocional em sua doença. Logo após a queixa inicial, ele me conta, espontaneamente, a data exata de morte de seu pai, dia do mês e ano. Essa informação me impacta sem que eu saiba de fato o motivo. Posteriormente me daria conta que, nesse momento, estava sendo recrutado a participar de uma complexa trama de mistério e terror que tomaria o campo analítico por muitos anos.

O enigma que nos desafiava era aparentemente simples: o pai de Richard havia sido assassinado ou cometera suicídio? O relato de uma cena, de grande impacto visual, foi repetido dezenas de vezes, sem alterações. Nela há um lago e um barco a remo na margem. É um local deserto. O pai de Richard se encontra dentro do barco, ferido, ensanguentado. Richard, com 14 anos de idade, observa a cena de cima de um morro, a uns 300 metros de distância. Está paralisado. Ao lado, mas em nível inferior, há uma dezena de pessoas, também paralisadas, apenas olhando. Ninguém faz nada. Alguém foi chamar o médico em uma cidade próxima, mas este não chega. Passam duas a três horas. Todos sabem que o pai está ferido, talvez morto, mas a cena é estática. Ninguém se mexe.

O relato da cena é acompanhado de intenso choro entremeado por soluços, que se transformam em gritos desesperados. Richard bate em seu corpo, arranha o rosto, puxa os cabelos, levanta-se do divã e volta a se deitar. Minha sensação é que não se trata apenas de uma lembrança, mas de uma alucinação terrífica que está sendo vivida no aqui e agora.

Sinto-me impactado pelo contraste entre a agitação do paciente e a paralisia da cena. Imagino os personagens como mortos-vivos, tanto o pai ensanguentado como os observadores paralisados. O desespero de Richard me lembra rituais de luto de certas culturas em que mulheres gritam e rasgam suas vestes. Minha impressão era que Richard havia ficado paralisado justamente para evitar sentir esses afetos.

Ao escrever uma sessão, me passou pela cabeça a tela de Goya, *Os fuzilamentos de 3 de maio, 1808*. Ao revê-la me surpreendi ao notar que, no quadro, existiam pessoas que tampavam seus olhos para não ver as cenas de sangue e de morte.

Exatamente um ano após a morte do pai, Richard perdeu quase toda a visão de um dos olhos. Há 5 anos teve um descolamento de retina do outro olho, que foi salvo por uma cirurgia de emergência. Logo percebo que os dois episódios poderiam ser considerados reações de aniversário (Cassorla, 1986; 2021a). A data da entrevista comigo também, pois estava ocorrendo muitos anos após a morte do pai, próximo à data. Essas hipóteses foram confirmadas durante a análise, quando outros eventos surgiam em datas próximas.

A análise de Richard me desafiou como analista. Os fatos relatados e vivenciados no campo analítico me estimulavam interpretações óbvias sobre situações edípicas que se repetiam compulsivamente.

O primeiro exercício que o analista precisa fazer é tentar deixar entre parênteses a teoria do complexo de Édipo, que lhe vem à mente imediatamente. Isso não é fácil, pois tudo se encaixa tão bem... Em outras palavras, o analista tem que se cegar contra o excesso de luz... Intuía que conversar sobre fantasias homicidas em relação ao pai apenas aumentaria seu desespero. Percebi que minha principal função era acompanhar de forma detalhada seus estados emocionais dando-lhe significados pontuais, principalmente no aqui e agora da sessão. Interpretações transferenciais não cabiam enquanto não se constituísse uma rede simbólica capaz de dar significado a seus terríveis sentimentos.

Após algum tempo me dei conta de que suas fantasias homicidas eram evidentes também para ele, o que estimulou minha aproximação a elas. Surgem lembranças e narrativas que levam em direção a fortes hipóteses sobre seus sentimentos, percepções e lembranças, mas Richard nada discerne. A despeito de sua inteligência, parecia um deficiente mental, ou... um cego. Nessa época ainda não conhecia o termo *to turn a blind eye*, mas era evidente que ele não queria enxergar nada que lhe provocasse dor. Às vezes eu tentava assinalar algo que era por demais claro: Richard não ouvia, não entendia e se eu insistisse, tornava-se violento.

O negacionismo de Richard foi acompanhado pela criação de uma nova realidade delirante. Havia cortado relações com todos os amigos e familiares: achava que eles eram os responsáveis pela morte de seu pai. Uns porque lhe haviam dado desgosto, outros porque teriam tramado sua morte, para ficarem com a herança. Convencera sua mulher e filhos e a família vivia isolada, ruminando ódio e vingança. As cisões e identificações projetivas eram intensas, os objetos persecutórios se generalizavam e o esvaziamento levava a sentimentos de despersonalização. Estava diante de um paciente predominantemente psicótico durante as sessões: aterrorizado, sem capacidade de formular pensamentos com clareza, com sua capacidade de contato com a realidade prejudicada. Fazer vista grossa se articulava com curiosidade, estupidez e arrogância, a tríade psicótica descrita por Bion (1958/1988). A estupidez era o que mais chamava a atenção.

Essa descrição foi para mostrar outras formas clínicas de negacionismo em que o paciente parece mentir para si mesmo. Todos os personagens estudados mentiam – consciente ou inconscientemente – para si mesmos e, alguns, para os outros. O tema mentira será abordado em outros capítulos.

Negacionismo

O estudo clínico e dos mitos mostrou várias formas de fugir do contato com a realidade, como repressão, negação, cisão, mentira, recusa, ataques aos vínculos, transformações em alucinose. Todos, de alguma forma, revelam como a alteridade é vivenciada de modo traumático. Essa observação leva em consideração que o negacionismo, como fato social, pode nutrir-se de situações ou fantasias similares.

O termo foi inicialmente usado para negar fatos históricos – o Holocausto – e se ampliou em outras direções. O negacionista despreza as evidências, que ele considera falsas ou mentirosas. Ele está convencido de sua verdade. Existe o falso negacionista cujo único objetivo é o benefício próprio – por exemplo, com cargos políticos. Entre os dois está o adepto idiotizado que não se preocupa com a verdade ou a mentira: apenas precisa de um líder que o faça sentir-se vivo. Penso que a maior parte dos negacionistas se encaixa nessa terceira espécie. Evidentemente o negacionismo costuma fazer parte do fanatismo.

É comum o negacionista criar outra realidade, oposta àquela que ele nega. A nova realidade costuma ter as seguintes características: apela-se para um imaginário mítico envolvendo aspectos ancestrais do indivíduo, do grupo ou da humanidade, transformados em construções idealizadas, como será visto adiante. Essa hipótese retoma a ideia freudiana de que existiria um fragmento de verdade histórica – nesse caso, idealizada – conectado à história ou pré-história do grupo, que contribuiria para o sentimento de convicção (Freud, 1937/1976).

Evidencia-se, nos últimos tempos, um aparente aumento do negacionismo na sociedade. Talvez esse aumento seja ilusório, já que o fato sempre existiu. Possivelmente a própria sociedade vem se dando conta da importância da verdade na vida e dos prejuízos decorrentes dos ataques a ela.

Retomando as ideias de Freud (1927/1976b) sobre fetichismo, o fetiche representa uma percepção ocorrida pouco antes ou após o evento traumático – originalmente, a castração. Esse modelo servirá para aprofundar este estudo.

Suponha-se que o recém-nascido foi expulso do Paraíso (vida intrauterina) sofrendo o terrível trauma de cair no Inferno. O Paraíso será retomado na primeira mamada e o Inferno retornará em algum momento. Entre momentos no Paraíso e no Inferno, a experiência com o outro permite viver na Terra, onde se administram as assombrações infernais em conflito com os deuses idealizados. O que importa, nesse modelo, é o fetiche que o bebê (ou a humanidade) cria para substituir o trauma da expulsão do Paraíso: a completude total, o sentimento oceânico (Freud, 1927/1976b) que será encontrado em grupos fanáticos que prometem o Paraíso na terra ou/e no céu.

O negacionista fanático não suporta a alteridade. Como vimos, há fortes indícios de que falhas iniciais em seu desenvolvimento o fizeram aderir-se simbiótica ou parasitariamente a objetos idealizados, formações reativas contra o terror e o desamparo. A essas configurações emocionais se acrescenta a inoculação de ideias fanáticas, principalmente quando bebês, crianças, adolescentes e/ou em situações de forte desamparo. Constituem-se organizações narcísicas destrutivas e perversas que se sentem ameaçadas por tudo aquilo que é não *self*. O inimigo deve ser seduzido, conquistado, ameaçado ou eliminado. Eventualmente pode ser atacado o próprio aparelho de percepção, e o comportamento fanático se confunde com o psicótico.

Atualmente se observa a expansão do chamado populismo destrutivo, cujo objetivo é destruir as instituições democráticas, especialmente aquelas que buscam mitigar o sofrimento social (Bollas, 2020). Os afetos onipotentemente destrutivos se idealizam e a função continente da sociedade democrática é deformada ou destruída. Isso implica a escalada permanente de excitantes atos destrutivos que buscam manter a relação simbiótica do narcisismo destrutivo (Zienert-Eilts, 2020).

As hipóteses efetuadas ajudam a lançar algumas luzes sobre as escolhas negacionistas que visam ao retorno a um passado idealizado. Esse passado pode ser recente (por exemplo, saudades da ditadura no Brasil) e comumente se vale de ideias anti-iluministas.

Quando a religião se sente ameaçada, reforçam-se os grupos fundamentalistas, isto é, aqueles que se valem das Escrituras, evidentemente interpretadas da forma que interessa ao fanático. A negação da ciência implica em um ser superior que tudo determina e nos protege se seguirmos suas ordens e ensinamentos. O darwinismo é vivenciado como um inimigo – seu erro é supor que nós, os homens criados por Deus à sua imagem e semelhança – somos apenas um elo da evolução. Os racistas e os supremacistas brancos são nostálgicos do tempo em que constituíam a raça superior, dominando todas as raças "inferiores". Os nazistas recuperaram mitos das origens como descendentes dos arianos, raça superior. O modelo de Mussolini era o poder da Roma antiga. Grupos evangélicos têm se apropriado de símbolos judaicos na expectativa da vinda do Messias, que fará a conversão dos judeus ao cristianismo.[2] O negacionismo do poder das vacinas repousa também em uma fantasia de que tudo o que é "natural", isto é, fruto de Deus, nos salvará. Não há que se preocupar com mudanças climáticas, como se fosse possível voltar ao início dos tempos quando Deus mantinha a natureza intacta e o homem apenas usufruía dela. As mulheres e os homossexuais ameaçam por tornarem evidentes as diferenças e, possivelmente, darem eco a necessidades e desejos – que indicam dependência – em seres considerados superiores.

Le Goff (1994) mostra como o imaginário medieval se mantém presente em nossa cultura. Seria uma época em que existia ordem, cavalheirismo e fidelidade. Essa idealização da classe dominante (os nobres e os donos das terras) ignora convenientemente a população miserável, submissa e oprimida.

É possível que a pletora de fanatismos e negacionismos atuais seja influenciada pela dificuldade dos seres humanos de conviver

---

2 O historiador Michel Gherman discute uso mítico de símbolos judaicos por grupos evangélicos: https://theintercept.com/2021/03/26/entrevista-michel-gherman-nazismo-israel-bolsonaro/.

em sistemas democráticos. O poder e as transformações devem ser negociados o tempo todo e de forma transparente. Os conflitos são permanentes e levam a diferentes graus de instabilidade. Existirão aqueles que preferem sacrificar a liberdade em nome de uma "ordem". Comumente essa "ordem", que dá origem a governos repressivos, visa restituir privilégios que foram suspensos pelo sistema democrático.

Há consciência da complexidade dos fenômenos estudados, que demandam aprofundamento interdisciplinar. Correm-se os riscos inerentes ao reducionismo, à especulação selvagem e aos vieses etnocêntricos (Abella, 2018). Valorizam-se as contribuições de cientistas sociais que têm mostrado a relação entre as situações de desamparo e o sistema capitalista, o neoliberalismo, a hipertrofia da razão, a idealização do mercado, a modernidade líquida, a sociedade narcísica, o declínio da função paterna, a necropolítica – resultando na desumanização – temas que não poderemos abordar. Este texto propõe que o comportamento fanático e negacionista seja, ao mesmo tempo, produto e reação contra essas instabilidades sociais vinculadas a fatores individuais.

O fanatismo e o negacionismo atacam o indivíduo ou grupo que se vale da razão, que permite e busca o debate, a controvérsia, que respeita as evidências e opiniões dos demais. A maior ameaça para o fanático é a liberdade de pensamento. Por isso, atrás de todos os negacionismos sempre existe de forma latente o ódio pela liberdade, pela criatividade, pela convivência fértil com o outro, pela capacidade de pensar, sentir e transformar o mundo a partir do aprender com a experiência.

A psicanálise tem algo a oferecer no tratamento de mentirosos, fanáticos e negacionistas? A maioria das pessoas com essas características não busca a psicanálise e costuma ser seu adversário. Entretanto, é possível identificar essas defesas em alguns pacientes que nos procuram por outros motivos e ajudá-los a se conhecerem melhor. Sem a pretensão – também arrogante – de transformar o paciente em alguém "melhor".

6. Convicção, mentiras e negacionismo

Partindo-se da ideia de convicção como forma de validação das construções em análise, discutem-se neste capítulosituações em que o indivíduo se torna convicto de seduções e mentiras, não se dando conta suficiente da realidade, uma forma de negacionismo. Um conto de Jorge Luis Borges é discutido, encontrando-se entre seus personagens o mentiroso, o negacionista que acredita na mentira e o fanático estupidificado em uma relação simbiótica com um objeto idealizado.

A psicanálise, ao mostrar que existe uma realidade psíquica para além da realidade material, aprofundou a controversa discussão filosófica em relação ao que é existente e verdadeiro.

Considerando a primeira tópica freudiana, constata-se que os fatos da realidade psíquica são representados nos sistemas consciente e inconsciente. Entretanto, existem experiências – não representadas – que não pertencem a qualquer dos dois sistemas. Tratam-se de realidades potenciais que somente se tornarão presentes quando estimuladas pela relação com outra pessoa. Freud (1937/1976) se referiu a esses aspectos em seu texto "Construções em análise", ampliando o campo para o que hoje é denominado áreas não simbolizadas ou com déficit de simbolização.[1] O sujeito se vê diante de situações em que a mente

1 Freud (1923/2011) já antecipava esse fato ao assinalar que o inconsciente não coincide com o reprimido. Todo reprimido é inconsciente, mas nem tudo o que é inconsciente é reprimido.

primordial não tinha condições de efetuar essa tarefa ou, traumaticamente, ela havia sido atacada. O analista busca atraí-las por meio de narrativas imaginárias ou construções sobre o que poderia ter ocorrido em momentos iniciais do desenvolvimento. A validação das construções decorre da *convicção* manifestada pelo paciente. Esse sentimento indicaria contato com fragmentos da "realidade histórica" que, por sua vez, é constantemente transformada por novas experiências emocionais.

Um fator importante para o sentimento de convicção decorre do impacto emocional que acontece no campo analítico. O paciente vive a experiência de envolvimento com seu analista que, por sua vez – utilizando suas emoções e *rêveries* – está em busca de símbolos para nomear o que está acontecendo, símbolos que faltam ao paciente. Vive-se a verdade emocional do momento e essa verdade é a única à qual ambos os membros da dupla têm acesso. Quando o analista propõe, por exemplo, que o paciente, no início de sua vida, se sentiu devastado pelo sentimento de abandono devido à doença de sua mãe – fato do qual nunca se lembrará – o analista está tentando conectar fantasias que estão ocorrendo no "aqui e agora" do campo analítico.

A convicção do paciente decorre tanto do relato ficcional hipotético como do impacto da verdade emocional presente na relação. Pouco importa se existiu realmente esse abandono por parte da mãe – o que importa é que se está vivendo uma *nova* experiência que atrai associações vinculadas a fatos inconscientes. As construções do analista são fruto da acumulação de experiências emocionais que vinham buscando sonhadores que pudessem sonhá-los. Os fatos não simbolizados – não sonhos – são transformados em sonhos a dois graças à relação intersubjetiva.

Como foi visto, somente se tem acesso à realidade ou verdade do momento quando paciente e analista estão conectados, em uníssono (*at-one-ment*) (Bion, 1970/1973). Essa verdade é pontual e assim que se manifesta já está sendo transformada. O observador participante é transformado pelos fatos que observa, assim como os fatos são transformados pelo observador. Ataques à verdade estão sempre presentes (Cassorla, 2013).

Os personagens e os enredos colocados no campo analítico (ou sua ausência) mostram tanto o desenvolvimento como os ataques à capacidade de dar significado a experiências emocionais e se manifestam nos vários pontos do espectro sonho ↔ não sonho (Cassorla, 2016b).

Os mitos, considerados sonhos da humanidade, também se valem de narrativas. Ambos têm suas raízes em experiências primitivas que foram transformadas durante a vida do indivíduo e/ou a história dos grupos humanos. À medida que os sonhos a dois ampliam a capacidade de sonhar e pensar, o paciente sabe mais sobre si mesmo e ele está convicto desse fato. O mesmo ocorre com os mitos.

No final de seu texto, Freud especula:

> *Os delírios dos pacientes parecem-me ser os equivalentes das construções que erguemos no decurso de um tratamento analítico – tentativas de explicação e de cura, embora seja verdade que estas, sob as condições de uma psicose, não podem fazer mais do que substituir o fragmento de realidade que está sendo rejeitado no presente por outro fragmento que já foi rejeitado no passado remoto . . . o delírio deve seu poder convincente ao elemento de verdade histórica que ele insere no lugar da realidade rejeitada. (Freud, 1937/1976, p. 303)*

Freud diz que construções "equivocadas" não fazem mal ao paciente porque este as ignora. No entanto, a prática mostra que elas podem ser prejudiciais em situações em que um paciente fragilizado se agarra a um analista idealizado despreparado, perverso ou quando ocorre um *enactment* crônico (Cassorla, 2016b). O paciente tem a *convicção* de que seu analista o está ajudando, mas é uma falsa convicção.

Situações similares podem ocorrer em famílias, grupos e na sociedade mais ampla quando estes se sujeitam a líderes manipuladores, perversos e quando a capacidade de pensar se torna obnubilada. Freud alerta:

> *Se considerarmos a humanidade como um todo e substituirmos o indivíduo humano isolado por ela descobriremos que também ela desenvolveu delírios que são inacessíveis à crítica lógica e que contradizem a realidade. Se, apesar disso, esses delírios são capazes de exercer um poder extraordinário sobre os homens, a investigação nos conduz à mesma explicação que no caso do indivíduo isolado. Eles devem seu poder ao elemento de verdade histórica que trouxeram à tona a partir da repressão do passado esquecido e primevo.* (Freud, 1937/1976, p. 304)

A investigação aqui se valerá de um conto de Jorge Luis Borges (1944/1988). O leitor não estará diante do conto "verdadeiro". As primeiras deformações ocorrem com as traduções. Meu resumo o falsificará ainda mais. Antes, porém, será feita uma digressão sobre a validade do uso de um texto literário para pensar psicanaliticamente.

O psicanalista que se dedica à leitura de obras ficcionais o faz em momentos de lazer, um descanso de seu trabalho, no qual suas emoções e seu pensamento estão, predominantemente, buscando conhecer e ampliar o significado do que é vivenciado no campo analítico. Sua capacidade intuitiva se desenvolve em paralelo à sua capacidade de acolher os elementos que transitam entre ele e seu analisando. Sua disciplina e seu treinamento fazem com que esse trabalho ocorra espontaneamente e, por isso mesmo, sem desgastes.

Diante de uma obra de ficção, o analista não está mais ocupado com as funções descritas aqui. No entanto, dentro dele, não pode deixar de haver uma mente psicanalítica curiosa que, como foi visto, trabalha espontaneamente. Ao observar seu funcionamento – isto é, como são captados afetos e ideias nas entrelinhas do manifesto do texto, ele apenas se diverte. Evidentemente essa diversão é acompanhada da sensação de se enriquecer intelectual e emocionalmente pela leitura. Se isso não ocorrer, o texto será abandonado.

Existem alguns textos que provocam tal ressonância no leitor-analista que este se vê tentando investigar os fatores envolvidos. Nesse momento, o texto se impõe e passa a ser o paciente do analista-leitor, mesmo que este não o desejasse. Em outras palavras, não é o analista que escolhe o texto. É o texto que se impõe ao analista. Dessa forma, este se sente obrigado (a obrigação costuma ser prazerosa, mas nem sempre) a debruçar-se sobre o que está ocorrendo entre ele e o texto.

Ora, o analista-leitor somente tem acesso ao que o texto lhe provocou. Isto é, a sua própria mente. O texto continuará sendo o mesmo texto, ao contrário do que ocorre com o paciente, que está em constante transformação e nunca é o mesmo.

Curiosamente, o texto – ainda que as palavras impressas continuem sendo as mesmas – vai se transformando dentro da mente do analista e a cada leitura – de uma palavra, uma frase, um trecho – já está transformado. Essa transformação decorre da relação entre o analista-leitor e o texto. Borges (1944/1988) destaca essa característica no famoso conto do autor que desejava reescrever D. Quixote. O resultado é um texto com exatamente as mesmas palavras usadas por Cervantes. Mas seu significado é outro. Como o analista, que deve ouvir as repetições do paciente, aparentemente idênticas, mas que nunca ocorrem no mesmo contexto.

Pode-se concluir, portanto, que o leitor-analista está diante de si mesmo. O texto é apenas o estímulo que ativou sua mente para vivenciar aspectos de si próprio escondidos no texto. O inconsciente do analista se dá conta desses escondidos, que (inconscientes) foram se conectando aos escondidos do leitor e o trabalho de revelação indica como os sonhos do texto (latentes) ativaram e foram ativados pelos sonhos e não sonhos do leitor, constituindo-se sonhos a dois. Como ocorre no campo analítico.

O texto, em geral, obedece ao processo secundário, isto é, as formações inconscientes estão amarradas na sequência das palavras. O ficcionista deixa pistas que recobrem a amarração ou se insinuam entre as amarras, pistas essas que muitas vezes sequer ele percebe. O analista pode iluminá-las e raramente um autor se sente confortável quando o crítico-psicanalista mostra algo que ele não havia percebido. Curiosamente, ele não se incomoda tanto quando o crítico literário não é psicanalista (Green, 1994).

O analista costuma dar razão às queixas do paciente. Não porque estejam corretas, mas porque indicam o que as interpretações ativaram. Eventualmente ele poderá dar-se conta de que elas foram sentidas dessa forma porque se conectaram a áreas traumáticas. O analista pode se perguntar se não encontrou ainda a linguagem afetiva que fizesse sentido ao paciente. A forma como o paciente reage lhe mostra – portanto – o poder e as limitações de suas intervenções.

O texto, por sua vez, não reclama. O analista apenas sonha e continua sonhando. No entanto, a cada vez que o relê, como vimos, ele lê outro texto. Não vai se surpreender quando o texto também reclama. Essa reclamação, bem utilizada pelo analista, o estimula a ampliar a rede simbólica do pensamento – para vantagens próprias.

Quanto o leitor-analista pode compartilhar seus sonhos com seus colegas, constituem-se sonhos-a-n-pessoas e a complexidade do funcionamento da mente se torna mais evidente, ao mesmo tempo que a iluminação do escondido se amplia.

Antes de passar à discussão do texto, são necessários dois esclarecimentos. Não me animo a discutir a relação entre o texto e a vida do autor. Por vários motivos, entre eles o fato de que não se tem acesso a essa vida a não ser a partir das biografias ou autobiografias, material do qual desconfio, mas que pode também ser sujeita à análise literária psicanalítica. É preciso ficar alerta a não "forçar" a teoria para "compreender" o texto. Suponho que isso ocorreu com Freud (Freud & Bullitt, 1931/1984) no livro em que estuda Thomas Wilson, o presidente norte-americano durante a Primeira Guerra Mundial. Há quem diga que Bullitt, o outro autor, era responsável pelas ideias. No entanto, que eu saiba, Freud nunca o corrigiu.

O outro esclarecimento é que a leitura do conto ocorreu em um momento em que buscava compreender variadas situações grupais em que a mentira, a dissimulação e a maldade me pareciam evidentes ainda que isso não parecesse a grande parte do grupo. Imagino que a frustração de não ter conseguido compreender em forma suficiente os sentimentos grupais foi um fator para debruçar-me sobre temas presentes neste livro.

A intenção de transformar minhas ideias sobre Tom Castro em texto científico (mesmo que um ensaio) pode ter me levado a endurecer meus sonhos para encaixá-los em alguma teoria. Se isso ocorreu, devo penitenciar-me pela possibilidade assim como pelas críticas que fiz a Freud nos parágrafos anteriores.

O conto

Jorge Luis Borges (1954) escreveu um brilhante pequeno livro, *História Universal da Infâmia*, de onde extraí o relato cujo resumo é responsabilidade minha.

Em fins de abril de 1854, naufragou nas águas do Atlântico o navio *Mermaid*, que ia do Rio de Janeiro a Liverpool. Entre os mortos se encontrava Roger Tichborne, militar inglês, criado na França, de uma das principais famílias católicas da Inglaterra. Era, portanto, um jovem afrancesado que falava inglês com o mais fino sotaque de Paris.

Lady Tichborne, sua mãe, horrorizada com a morte do filho, recusou-se a acreditar no que ocorrera e publicou desolados avisos nos jornais de mais vasta circulação.

Um desses avisos caiu nas mãos de Bogle, um negro que vivia em Sydney, "entrado em anos, em carnes e em autoridade. Tinha uma segunda condição: a súbita ideia genial. Era um varão de bons costumes e decente, com os antigos apetites africanos corrigidos pelo uso e abuso do calvinismo". Poderia ser considerado como normal, exceto pelo terror imenso de ser atropelado por um veículo.

Bogle era muito amigo de Arthur Orton, terceiro e principal personagem desta história.

Orton havia nascido em um subúrbio miserável de Londres e, como muitos ingleses pobres, sentiu o apelo do mar e tornou-se marinheiro. Borges o descreve como um homem de uma tranquila idiotice. Não morreu de fome devido a sua confusa jovialidade, seu permanente sorriso e sua infinita mansidão. Em Valparaíso, Chile, Orton desertou e aquelas características o fizeram ser querido e adotado por uma certa família Castro, de quem adotou o sobrenome, agora Tom Castro.

Não há mais notícias de Castro na América do Sul, mas ele reaparece, com esse nome, em Sydney, onde ao atravessar uma rua percebe o terror de um negro monumental, o citado Bogle. Ao dar-lhe o braço, para protegê-lo, se inicia um protetorado: o do "negro inseguro e monumental sobre o obeso pateta de Wapping", subúrbio londrino.

Em setembro de 1865, como foi dito, ambos leem em um diário local o desolado anúncio de Lady Tichborne, que busca seu desaparecido filho. A ideia genial de Bogle era a seguinte: Orton deveria embarcar no primeiro navio para a Europa e satisfazer a esperança de Lady Tichborne, declarando que era seu filho. O projeto, diz Borges, era de um engenho insensato. Porque Tichborne era um esbelto cavalheiro, de ar concentrado, traços agudos, tez morena, cabelo negro e lasso, olhos vivos e a palavra de uma exatidão já incômoda. Orton era um homem pouco inteligente, sem maneiras, de vasto abdome, traços de uma fina inexpressividade, pele próxima do sardento, cabelos castanhos encaracolados, olhos dorminhocos e conversação ausente ou confusa.

Bogle sabia que um fac-símile perfeito de Roger Tichborne seria impossível e que todas as similitudes conseguidas não fariam mais que destacar certas diferenças inevitáveis. Renunciou, portanto, a todas as parecenças. Intuiu que esse fato seria uma prova convincente de não se tratar de uma fraude. Mas Bogle contava com um fator, o mais importante, para que seu plano desse certo: a certeza de Lady Tichborne de que seu amado Roger não morrera, e os 14 anos que haviam se passado desde o naufrágio.

Tom Castro, isto é, Orton, a mandos de Bogle, escreveu uma carta a Lady Tichborne e, para fundamentar sua identidade, invocou a prova fidedigna de dois sinais situados no lado esquerdo do peito e a lembrança do episódio, da infância, em que fora atacado por um enxame de abelhas. Assim como Bogle, Orton também não era nada bom com a ortografia.

A "construção", isto é, a falsa estória contada pela dupla de amigos, similar àquela que um analista cria frente a fatos que o paciente não se lembra – devido a traumas ou vazios que impediram sua simbolização – mobilizou em Lady Tichborne, no meio de suas lágrimas, as supostas lembranças que o filho lhe pedia. Isto é, Lady Tichborne passou a lembrar-se de fatos que nunca haviam ocorrido.

Quando Orton chegou com seu criado Bogle, a mãe com seus olhos fatigados de pranto instantaneamente o reconheceu e o recebeu com um emocionado abraço. Nesse momento, agora que tinha de volta o seu filho, Lady Tichborne entregou-lhe, isto é, devolveu-lhe o diário e as cartas que Roger lhe havia enviado do Brasil, escritos esses que haviam tornado suportável seu luto durante os 14 anos de ausência.

Bogle sorriu com discrição: tinha como documentar-se em relação ao fantasma de Roger.

A estória teria terminado assim, com três pessoas felizes: a mãe, o filho apócrifo e o conspirador recompensado.

Mas, em 1870, Lady Tichborne faleceu e os parentes apresentaram queixa contra Arthur Orton por usurpação, já que não acreditaram que o obeso e quase analfabeto filho pródigo fosse real. No entanto, Orton tinha o apoio de inumeráveis credores que queriam receber seus créditos de Tichborne.

Bogle pensou e teve nova ideia. Montou uma corrente de cartas falsas em que se dizia que Tichborne era um impostor. Mas, inteligentemente, essas cartas eram assinadas por padres da Companhia de Jesus e outros papistas, de tal forma que logo as pessoas bondosas perceberam que Tichborne estava sendo alvo de uma conspiração abominável dos jesuítas.

No processo, cem testemunhas afirmaram que o acusado era Tichborne, incluindo quatro companheiros de seu regimento de dragões. Não poderia ser um impostor porque se o fosse teria tentado imitar os retratos de sua juventude. Além do mais, uma mãe não se enganaria.

Mas Bogle acaba morrendo atropelado, conforme previra. Orton perde seu guru e aniquila-se. Continuou a mentir, mas com um entusiasmo escasso e contradições disparatadas. Em fevereiro de 1874 foi condenado a 14 anos de trabalhos forçados. Na prisão tornou-se querido – era seu ofício. Seu comportamento exemplar o livrou antes. Percorreu o Reino Unido fazendo conferências em que se declarava ora inocente, ora culpado, aquilo que o público queria ouvir. Até que iniciou uma palestra defendendo-se e acabou se declarando culpado.

Refletindo

Uma das características do analista praticante é permitir que o analisando entre em contato com derivados de seu inconsciente estimulados pelo inconsciente do outro, sua capacidade de sonhar. O analista re-sonha o sonho de seu paciente, quando o paciente tem capacidade de sonhar. Ou sonha o não sonho[2] de seu paciente quando este não tem essa capacidade.

O sonho do analista, contado ao paciente, é re-sonhado pelo paciente e assim se constituem sonhos-a-dois. Como foi visto, ao lidar com psicanálise aplicada, isto é, quando o psicanalista se debruça sobre textos, mitos, obras de arte, aspectos sociais, o sonho do analista não poderá ser cotejado ou confirmado pelo outro. No entanto, a imaginação do analista poderá ampliar a capacidade de outras pessoas sonharem o sonho sonhado por ele e, dessa forma, amplia-se a capacidade de pensar. Esta é, penso eu, a função da psicanálise aplicada: ampliar a capacidade de sonhar e pensar, e não "compreender ou explicar" o estímulo do sonho.

Sonhemos o suposto sonho de Lady Tichborne, rumo a essa ampliação. Diante da dor decorrente da realidade da perda de seu filho, Lady Tichborne recusa a percepção da realidade e mantém seu desejo-fantasia – de que seu filho esteja vivo. Sabe-se como é difícil elaborar um luto na ausência do cadáver e das cerimônias fúnebres – a mente se apega a uma última esperança e esse é um dos dramas das famílias de desaparecidos.

Ainda que, em nosso sonho, esse aspecto deva ser considerado, é possível continuar sonhando imaginando que a morte de Roger pode ter reativado, em Lady Tichborne, traumas precoces, mal resolvidos, relacionados a perdas e lutos. Quanto mais intensos e precoces esses traumas, maior a possibilidade de terem deixado áreas feridas incapazes de formar símbolos e sonhar. Essas áreas, agora reativadas, são preenchidas com falsos sonhos, variedade de transformação em alucinose, a certeza de que Roger está vivo. Esta certeza torna Lady Tichborne

2 Considero "não sonho" os fatos decorrentes do surgimento de descargas ou vazios que não puderam ser simbolizados ou cujo esboço de simbolização foi revertido por não se suportar a realidade. Por isso foram excluídos ou não se comunicam adequadamente com a rede simbólica do pensamento (Cassorla, 2005b; 2016a).

altamente vulnerável a qualquer indício que confirme sua crença. Por isso, ela (como tantas pessoas em situações similares) se tornará alvo fácil de manipulações e mentiras, conscientes ou inconscientes.

Em nosso sonho seria possível, inclusive, sonhar que a realidade da vida em outro mundo, promessa das religiões, poderia ser um falso sonho universal, mas ao utilizar esse sonho como certeza, corre-se também o risco de estar efetuando transformações em alucinose. O mistério deve ser mantido – é mais prudente.

Como já visto, Freud (1937/1976) ajuda a lidar com situações em que a mente simbólica ainda não se havia constituído ou quando essa capacidade foi atacada. O analista preenche as áreas de traumas e vazios com estórias hipotéticas (construções) sobre o que teria ocorrido. A convicção do paciente em relação às construções do analista permite que este as tome como produtivas. Não se trata, evidentemente, do analista adivinhar fatos que ocorreram, mas dele introduzir uma certa coerência na estória do paciente que lhe faça sentido emocional. Isso leva a pensar a questão da verdade em psicanálise, base para a capacidade de pensar.

O que importa é que Lady Tichborne toma a falsa realidade teatralizada por Orton como verdade e isso a deixa feliz. Este fato leva à "mentira piedosa", isto é, aquela mentira que evita sofrimento. Lady Tichborne vive uma mentira, mas está feliz. Como pessoas ficam felizes ao encontrar soluções para seus problemas a partir das falas de sacerdotes, ideólogos, políticos ou mesmo cientistas e psicanalistas, descobre-se, portanto, que a mentira é bem-vinda e necessária em muitas situações. Por isso ela é facilmente aceita.

A tarefa de Orton não foi difícil, já que ele encontrou um continente receptivo ao conteúdo. Lady Tichborne chegou a lembrar-se de fatos que não existiram: as manchas no corpo do filho e o episódio do enxame de abelhas, inventadas por Orton. Outras construções foram fidedignas: tiradas do diário que ela havia entregue a seu falso filho. Dando-lhe mais elementos para confirmar a fraude, tão bem-vinda.

A receptividade dos alemães ao discurso nazista se contrapunha aos traumas da derrota e das humilhações pós-guerra ocorridas após 1918. As ideias de superioridade substituem a percepção do desamparo traumático. Lady Tichborne usa mecanismos similares.

Teorias psicanalíticas sobre afetos poderiam ajudar em nosso sonho. Vale lembrar a teoria de Bion (1962/2021; 1963), em que o centro de funcionamento da mente são os afetos, os vínculos emocionais que ligam os símbolos dentro do indivíduo e com os outros. Esses vínculos emocionais envolvem complexas configurações em que entram em jogo o amor, o ódio e o conhecimento, tanto em sua forma positiva como negativa. *Minus* amor (-L) implica puritanismo e mentiras piedosas, como no caso citado. *Minus* ódio (-H) envolve hipocrisia e *minus* conhecimento (-K) é a certeza absoluta. Vale ressaltar que *minus* implica a ação da inveja, da antiemoção, da antivida. Mas seria a situação de Lady Tichborne antivida ou uma vida com falsos sonhos, limitada, porém melhor que a anterior? Um grande problema ontológico e psicanalítico que não será resolvido.

Sonhemos agora Orton. O obeso e pouco inteligente personagem tem uma característica que facilita sua vida – sua imensa capacidade de adaptação, de tornar-se aquilo que se espera que ele seja, uma personalidade "como-se"; Winnicott fala de falso *self* e vários autores descreverão essas falsas adaptações que se tornam verdades para o *self* desamparado e desprotegido. Woody Allen oferece o personagem Zelig.

Orton obedece a Bogle e se transforma no que ele deseja para agradar seu deus protetor. Orton não sonha e não pensa – ele é pensado por Bogle, assim como ele é pensado e sonhado por todos. Chama a atenção sua imensa capacidade de captar estados emocionais dos outros para adaptar-se a eles, como o faz um camaleão. Bebês desamparados podem desenvolver essa capacidade, que poderá ser mantida pelo resto da vida, redundando em pessoas sedutoras e, por vezes, dissimuladas. Vale lembrar, no entanto, que essa necessidade é fruto de sua ansiedade de aniquilamento, de seu terror de não existir. Em outras palavras, fazem de tudo para se sentirem existentes, ainda que essa existência seja fruto de sua identificação projetiva com o outro, que funciona como uma carapaça. Orton vive dentro dessa carapaça, protegido por ela, mas essa carapaça está como que vazia, como o cavaleiro inexistente do romance de Italo Calvino (2005). No entanto, se essa carapaça ameaça desabar, a vida vai terminar – por isso a insegurança constante de Orton e seu desabamento, aniquilamento escreve Borges, quando Bogle morre. Seus mecanismos "como-se" falham e Orton se sente perdido. Não se sabe se encontrou outras carapaças.

Vejamos agora Bogle, o homem da ideia genial. Borges o descreve como monumental e nos faz sonhar com partes de mente selvagens (o africano) com superego sádico calvinista. Essa configuração cindida é, ainda, complicada por uma sensação aterrorizante de deixar de existir, de aniquilamento, projetada em um atropelamento. A parte desamparada, possivelmente traumatizada, de Bogle é suprida por onipotência que, obsessivamente, busca controle sobre o outro. Com isso, sentindo-se poderoso, combate seu desamparo terrível.

Bogle toma posse de Orton (que, curiosamente, o protegeu de seu desamparo ao atravessar a rua), recrutando-o, e por intermédio dele recruta e controla Lady Tichborne. Lembre-se de que quando Bogle percebeu o risco de ser descoberto, mandou cartas falsas inventando um complô e tornando algozes em vítimas. O artifício de cartas anônimas, fofocas, *bullying* pela internet, denúncias falsas etc. é comumente utilizado por tais personalidades. Certas teorias psicanalíticas descreveriam tanto Orton como Bogle como vivendo configurações *borderlines*, nas quais os terrores de aniquilamento envolvem ansiedades de engolfamento e de separação. Ambos, talvez mais Bogle, receberiam também o rótulo de personalidade antissocial.

Lady Tichborne nega todas as evidências que indicariam a morte de seu filho e passa a acreditar em fatos que não ocorreram. Bogle é um falso negacionista, pois seu único objetivo é ser beneficiado. Entre os dois está Orton, o adepto idiotizado que não se preocupa com a verdade ou a mentira: apenas precisa de um líder que o faça sentir-se existente. Não seria surpreendente se uma grande parte dos fanáticos negacionistas atuais se assemelhassem a Orton.

Bogle e Orton influenciaram dezenas de pessoas porque elas queriam acreditar. Populações vulneráveis em busca de soluções mágicas se deixam convencer.

Nossos sonhos levaram às seguintes hipóteses: que alguns indivíduos traumatizados, com terrores de aniquilamento, poderão tentar combater suas ansiedades por meio de atos não pensados, descargas, mas essas descargas não são sem consequências, podendo atingir outras pessoas em forma perversa, controlando-as e dominando-as, indicando predominância de inveja, destrutividade e antivida. Psicanalistas já haviam chamado a atenção para configurações desse tipo como "identificação com o agressor". Curiosamente, personalidades com características similares, como sonhamos Lady Tichborne, se apresentam como vítimas preferenciais. E, evidentemente, personalidades sem essas características poderão apresentar configurações similares. A única utilidade do parágrafo anterior é demonstrar a complexidade do tema e abrir a possibilidade para complementações e refutações, para que o sonho do autor se torne um sonho compartilhado com os eventuais leitores.

Em outro trabalho (Cassorla, 2008b), chamei efeito Orton a situações que ocorrem, no campo analítico, com conteúdo infamante, fruto de identificações projetivas massivas mútuas entre os membros da dupla analítica, às vezes complicada por configurações grupais e aspectos reais do analista. Trata-se de pacientes perversos que, por sua vez, têm sensibilidade especial para captar e estimular aspectos perversos do analista. Os fatos infamantes, transformações em alucinose, são, no entanto, assumidos pelo analista como "verdades" que podem ser disseminadas por condutas não éticas. Trata-se de não-sonhos-a-dois, ou *enactments* perversos.

Não é possível concluir sem abordar o movimento psicanalítico. Psicanalistas são seres humanos. É arrogante atribuir superioridade ao ter "sido analisado". Sabe-se do apoio de psicanalistas ao nazismo, a governos ditatoriais, a situações de violência social. A própria formação psicanalítica corre riscos: existem grupos em que determinados autores e ideias são desprezados – um tipo de negacionismo. Existem certezas sobre "o que é psicanálise" e "o que não é psicanálise" a partir de crenças e ideologias. Existem treinamentos em que se estuda apenas um autor. Pode ocorrer do pensamento ser obstruído porque determinados autores são tomados como se fossem Sagradas Escrituras. Existem verdadeiras seitas em que os discípulos seguem um determinado mestre. Disputas pelo poder político podem dificultar a investigação criativa. Existem psicanalistas racistas e homofóbicos. Enfim, nada diferente do que ocorre em outros grupos humanos. E, como nesses, existe uma grande maioria de psicanalistas que realmente busca o desenvolvimento pessoal, de seus discípulos e do conhecimento psicanalítico, estando alertas para as manifestações da destrutividade e inveja.

Curiosamente, o prestígio da psicanálise tem feito com que ela se misture com crenças e religiões. Em nosso meio tem havido uma tendência de profissionais de saúde mental se intitularem psicanalistas, mesmo que ignorem ou não utilizem o conhecimento psicanalítico. Grupos religiosos têm formado centenas de "psicanalistas" por meios questionáveis. Existe uma pressão desses grupos para que se regulamente a profissão, utilizando seus próprios critérios. O movimento psicanalítico tem lutado contra essa regulamentação, mas tudo indica que ela acabará acontecendo.

O maior desafio é descobrir formas para que as descobertas da psicanálise possam beneficiar a sociedade, cuidando para que não seja deformada em direção a terapias adaptativas ou de aconselhamento – que podem também ser válidas, desde que o terapeuta esteja consciente do que está fazendo.

7. Barbárie: especulações a partir do caso Schreber

Fazendo parte do complexo fanatismo-negacionismo-mentira, aborda-se aqui a barbárie como fato social. Em seguida, em busca da aproximação com eventuais transtornos mentais, discutem-se aspectos do caso Schreber, um paciente psicótico cuja autobiografia ajudou Freud na compreensão dos delírios.

Neste capítulo, recorre-se ao caso Schreber (Freud, 1911/1969a), uma pessoa que descreveu suas ansiedades psicóticas em um livro autobiográfico (Schreber, 1903/1984) que serviu de material para especulações efetuadas por Freud. Inspirado em Canetti (1960/1983), proponho um exercício analógico em que tomamos o funcionamento mental de Schreber em sua parecença com o fanatismo e a barbárie, como se manifestam na sociedade. O leitor poderá encontrar outras analogias.

Antes, porém, algumas palavras sobre a barbárie, comumente vinculada a comportamentos fanáticos.

A barbárie atual é civilizada, no sentido que utiliza a ciência e a tecnologia de forma racional, atingindo alvos e eliminando populações, sem contato humano com a vítima. A gestão dos massacres é burocrática, planificada, racional, eficaz e existe uma ideologia legitimadora do tipo moderna, biológica, higiênica ou científica (Löwy, 2001). O paradigma é o genocídio nazista. Desse tipo foram os campos de concentração e também os *gulags* stalinistas e o ataque atômico contra Hiroshima e Nagasaki. Mais recente é o que as potências hegemônicas fizeram no Vietnã, no Afeganistão, no Iraque, na Ucrânia, envolvendo tecnologia de ponta e planejamento em função de pretextos aparentemente racionais. Nestas últimas situações, no entanto, o outro lado se defende chamando os inimigos para guerras no estilo tribal, com forte envolvimento emocional e pouca sofisticação técnica, com atentados, sabotagens, sequestros, assemelhando-se ao barbarismo tradicional. O 11 de setembro e o terrorismo atual envolvem aspectos antigos, ódio intenso, motivações religiosas (que pareciam ter perdido espaço com a modernidade), contato corpo a corpo, juntamente com tecnologia de ponta: bombas, aviões, computadores, drones, planejamento. Dessa forma, a barbárie civilizada se mistura à tradicional. A tortura e outras barbáries tornam-se também "civilizadas" quando passam a ser planejadas racionalmente. Tomemos como exemplo o Sendero Luminoso, do Peru, as Farc, da Colômbia e o grupo terrorista Hamas, em que a população passa a ser usada como escudo – uma decisão racional – pouco importando que seja sacrificada pela causa. As prisões, os campos de concentração, as instituições totais serão antecipadas por Kafka em *A colônia penal*, de 1914, onde o personagem principal é uma máquina de tortura.

O conceito de barbárie pode ser ampliado para o que ocorre com populações sujeitas à violência social, atacadas em sua capacidade de pensar e viver. Isso pode ser proposital, como no massacre dos indígenas americanos, no tráfico negreiro, no genocídio armênio na Turquia, no Camboja de Pol Pot, entre os tutsis de Ruanda, na Bósnia, na Revolução Cultural Chinesa, no Afeganistão dos talebãs etc. Ou sutilmente, como em sistemas autoritários, ou mesmo democráticos, onde um sofisticado sistema ideológico, permeado de burocracia, ataca os direitos humanos, a cidadania, preservando o domínio de poucos. Estes, por sua vez, poderão ser retaliados.

O planejamento racional da barbárie necessita, em um primeiro momento, conquistar corações e mentes. Aqueles não conquistados serão incluídos entre os inimigos. O autodenominado bom e justo luta pela verdade, e a verdade é única. Os inimigos são maus porque não aceitam a verdade e desejam destruir o justo. O bom se sente um iluminado e está certo de que quem o rotula como paranoico é o mau, que o inveja.

Vale lembrar de que Schreber fazia parte da quarta geração de respeitados profissionais cujo trabalho buscava desenvolver uma moralidade severa. Em particular, o pai de Schreber havia criado uma doutrina médico-pedagógica, plena de certezas, que se tornou famosa. Schreber era um homem inteligente, dedicado e com princípios muito rígidos, possivelmente próximos do fanatismo. Impõe-se a hipótese de transmissão transgeracional.

O estudo das três descompensações psicóticas, relatadas em sua autobiografia, permite entrever os aspectos fanáticos que são aproveitados para compor as crenças paranoicas. Assim, será assinalado sua similaridade com o fanatismo nas sociedades.

Schreber vive em estreita ligação com a divindade. Deus (representante da religião, da ideologia, da raça) é escolhido pelo iluminado para dirigi-lo – se for necessário, Deus será substituído, pois o iluminado é mais poderoso que Deus. Schreber e os iluminados se veem donos do espaço e do tempo infinitos, das mentes, dos planetas e do universo, e seu destino é expandir esse poder. Essa expansão é também uma forma de combater os inimigos, aqueles que não aceitam o poder e a iluminação dos justos. Os inimigos desejam tomar o poder e por isso há que lutar e ampliar as conquistas. Para se defenderem, criam imensos sistemas de espionagem e contraespionagem. O objetivo é identificar os maus e eliminá-los. Um dos maiores perigos é o desejo dos maus se infiltrarem entre os iluminados, corrompendo-os. Por isso, os companheiros devem ser também espionados, pois são traidores em potencial. Nessas situações, a barbárie atinge o próprio grupo. Ao mesmo tempo, as massas (já que os iluminados são poucos) devem ser seduzidas ou, se isso falhar, amedrontadas. Muitas vezes é preciso manter a massa aterrorizada até que ela se dê conta do poder dos justos. Uma das mais potentes formas de terror é manter as pessoas sob risco de tortura e morte. E se elas não se assustam com isso, seus familiares e pessoas queridas serão vitimizadas. Há que se aproveitar do amor individualizado, uma pieguice que os fracos mantêm. O amor do justo é a causa, e não pessoas.

O fanático sofre de uma voracidade e ambição incomensuráveis e as racionaliza como formas de combater o inimigo.

Para Schreber, a alma humana está contida nos nervos. Deus é constituído por nervos, mas infinitamente mais poderoso que as almas, porque seus nervos são ilimitados e eternos. Os nervos (alma) dos vivos atraem Deus e este corre o risco de não poder desprender-se daqueles, ameaçado em sua existência. Por isso Deus está sempre em guarda contra os vivos, paranoicamente atado a eles. Na verdade, Deus somente tem acesso aos mortos, almas e nervos. Retirando os nervos do corpo, os desperta para uma vida celestial após um complicado processo de purificação. Todas as almas se fundem entre si e passam a fazer parte de Deus. Quando as almas o atacam, Schreber as devora. O poder de Schreber, assim como o poder político dos líderes, se nutre da massa e é composta por ela.

A conspiração contra Schreber tinha como objetivo mais importante destruir seu intelecto. Queriam transformá-lo em imbecil, enlouquecê-lo. Era atingido por inúmeros raios, provindos do inimigo Flechsig (seu psiquiatra), e depois pelas "almas provadas", aquelas que ainda não haviam completado seu processo de purificação. Schreber ouvia milhões de vozes, de nomes, de almas, que impunham sua fala, ao mesmo tempo, e independentes uma da outra, fazendo um barulho desesperador. Cada vez mais almas o atacavam, algumas vezes aparecendo como "homenzinhos" milimétricos que gotejavam sobre sua cabeça. Vinham de milhares de estrelas e constelações, de quem dependiam. Seus nervos atraíam cada vez mais almas com uma força incomensurável. Schreber reage, não se deixa dominar.

Como resultado de uma luta terrível, assume o controle das almas, tornando-se o centro do universo, a maior massa imaginável. Torna-se um líder, Deus, cercado de massas monumentais, que ele atraiu e se agitam em torno dele. Mas, não satisfeito, Schreber as devora, as incorpora, passam a fazer parte de seu próprio corpo e desaparecem. Schreber, como os ditadores e iluminados, agora se orgulha de seu poder, incomensurável, infinito, e o utilizará sem cessar. Essa descrição, de ataques destrutivos à mente, se assemelha a guerras, bombardeios, lutas pelo poder, barbarismo.

As fantasias de fim de mundo de Schreber decorrem do fato de que as almas, ao serem atraídas, colocam em perigo as estrelas de onde provêm, que podem se dissolver. Schreber será o único sobrevivente em um campo cheio de cadáveres – esta seria a tendência de todo ditador, ser o último a permanecer com vida.

Penso que na paranoia se luta desesperadamente contra a realidade da finitude. A morte é o inimigo primário. Há que se criar um sistema no qual o paranoico a controla, e sendo dono da morte a projeta no inimigo. Para isso, cria sistemas racionais que justifiquem sua violência mortífera, que ele crê ser sempre em defesa. A finitude será substituída pela conquista do poder infinito. Como o inimigo é bárbaro, há de ser mais bárbaro que ele. Por isso, tudo se justifica.

Schreber e os iluminados se veem donos do espaço e do tempo infinitos, das mentes, dos planetas e do universo, e seu destino é expandir esse poder cada vez mais. Essa expansão é também uma forma de combater os inimigos, aqueles que não aceitam o poder e a iluminação dos justos. Os inimigos desejam tomar o poder e por isso há que lutar e ampliar as conquistas. O bárbaro sofre de uma voracidade e ambição incomensurável e as racionaliza como formas de combater o inimigo.

Os poderosos Schreber, Stalin, Hitler e outros que se consideram justos e bons vivem ameaçados pelos maus. Quanto mais poderosos, maior a quantidade e poder dos maus. Para defender-se, são necessários imensos sistemas de espionagem e contraespionagem. Seu objetivo é identificar os maus e eliminá-los. Um dos maiores perigos é o desejo dos maus em se infiltrarem entre os iluminados, corrompendo-os. Os companheiros devem ser espionados, pois são traidores em potencial. A barbárie atinge o próprio grupo. Ao mesmo tempo, as massas devem ser seduzidas ou, se isso falhar, amedrontadas, mantidas sob o risco de tortura e morte. Se não cederem, a vingança atingirá seus familiares. Há que se aproveitar da pieguice do amor individual, produto de fraqueza. O amor do justo e bom é a causa, e não pessoas. O poder de Schreber, assim como o poder político dos líderes bárbaros, civilizados ou não, "se nutre da massa e . . . é composto por ela" (Canetti, 1960/1983).

Como observado, por mais poderoso que Deus seja, não é conveniente que ele se misture aos vivos. Os fanáticos podem proibir o contato com o estranho ameaçador, que será o diferente em aparência, cor, religião, costumes, ideias.

Há que matar a capacidade de pensar dos possíveis inimigos e incluí-los em um amálgama de seguidores estupidificados que estarão no céu (a causa). Todas as ideologias totalitárias (e muitas religiões) lutam por estender-se, manter domínio sobre tudo. No delírio de Schreber, após a purificação, as mentes e os corpos serão absorvidos por Deus, tornando-se parte dele. O fanático nazista ou qualquer outro se sente um Deus, superior a tudo, buscando ampliar infinitamente seu poder. Não tem mais necessidades – se as tivesse elas seriam supridas pela massa divina da qual faz parte. Mas há que ficar sempre alerta, buscando inimigos. Estes devem ser conquistados para a bem-aventurança, purificados. Se forem ingratos, haverá que reeducá-los, torturá-los, num inferno que pode ser eterno, na vida e no pós-morte.

Geralmente pode-se combater os bárbaros, fazendo com que eles também sintam o medo da morte. Mas isso não ocorre quando o terrorista não só não teme morrer, como deseja a morte. Estamos diante dos terroristas suicidas, que ao se matarem, matam seus inimigos. Essa mudança de referencial torna suas vítimas totalmente impotentes e o justo, representante de Deus, agora é todo-poderoso para além da própria morte – não somente em fantasia, mas também na realidade. A indiscriminação entre o Reino de Deus no Céu e na Terra faz com que seja indiferente para o bárbaro viver aqui ou lá. Talvez até seja melhor lá, onde será tratado como herói. De qualquer forma, todos serão heróis após a morte e, fundidos a Deus, viverão eternamente.

A purificação envolve rituais, e prefere-se o fogo, as fogueiras inquisitoriais, as câmaras de gás, as armas de fogo, os incêndios, as bombas atômicas ou não, as destruições de cidades e colheitas, que implicam aniquilamento do inimigo e liberação de sua alma. Mesmo em um mundo materialista, há que se cuidar para que essa alma não persista na lembrança. O fogo é bom para isso, melhor que as valas comuns que, se descobertas, podem se transformar em local de peregrinação. Porque o homem, por sua natureza, também sente culpa, se lamenta e pode se identificar com o morto. Portanto, há que eliminar corpos e lembranças sem deixar rastro. A tecnologia avança e pode-se, rapidamente, fazer desaparecer milhões de pessoas, arquivos, a própria história. Ou melhor, purificá-los.

Mas há um paradoxo: é preciso que se noticie a eliminação de maus para aterrorizá-los. O terror deve atingir também a massa indiferente, porque não existem inocentes. Dessa forma, a eliminação secreta pode não ser a melhor. Tudo deve ser público, televisionado, a queda do World Trade, o morticínio de crianças na escola de Beslan, as explosões no metrô, as bombas iluminadas devastando cidades, as decapitações. A purificação se faz pelo exemplo. Portanto, o dilema é como eliminar o inimigo sem deixar rastro e, ao mesmo tempo, mostrar sua eliminação para que ela sirva de exemplo. Essa situação é complexa – por isso há que matar testemunhas suspeitas e nunca cessar a propaganda que estupidifica as massas ou as mantêm aterrorizadas. Errar por excesso é melhor que errar por falta, e a causa é superior à vida de uma, algumas ou muitas pessoas injustiçadas. Muitos fuzilados por Stalin o homenageavam antes de morrer, impregnados pela causa, compreendendo e desculpando o erro "involuntário" do líder.

Pode-se pensar que o fanático luta desesperadamente contra a realidade da finitude. Há que se criar um sistema em que o fanático controla a morte, projetando-a no suposto inimigo. Criam-se sistemas racionais que justifiquem sua violência mortífera, que ele crê ser sempre em defesa. A finitude será substituída pela conquista do poder infinito. Como o inimigo é bárbaro, há que ser mais bárbaro que ele. Por isso tudo se justifica.

É possível efetuar algumas analogias entre o funcionamento mental de Schreber e os seres humanos sujeitos ou agentes da barbárie. Como mencionado anteriormente, por mais poderoso que Deus seja, não é conveniente que ele se misture aos vivos. Quando a paranoia se desenvolve entre os humanos, também se proíbe o contato com o estranho ameaçador, que será o diferente em aparência, cor, religião, costumes, ideias. Já o contato com os mortos não é problema. Assim, aos inimigos que não se matam, há que eliminar sua capacidade de pensar, para juntá-los estupidificados em um amálgama de seguidores que estarão no céu (a causa). Todas as ideologias totalitárias e as religiões universais lutam pela expansão e domínio sobre tudo, e após a purificação das mentes e corpos, estes se juntarão a Deus, não mais se diferenciando dele. O nazista ou qualquer outro fundamentalista se sente fazendo parte de Deus, é Deus, superior a tudo, ampliando Seu poder infinitamente. Sente-se exaltado, fazendo parte do universo, privilegiado por ter tido a sorte de ser escolhido. Não tem mais necessidades – se as tivesse elas seriam supridas pela massa divina da qual faz parte. Mas há que ficar sempre alerta, buscando inimigos reais ou em potencial. Estes devem ser conquistados para a bem-aventurança, purificados. Se forem ingratos, haverá que re-educá-los, torturá-los, num inferno que pode ser eterno, na vida e no pós-morte.

O fanatismo intuído nos delírios de Schreber pertence a um complexo conglomerado, a maldade. Green (2010) ilustra a desumanização em seu mais alto grau quando descreve aspectos da função desobjetalizante:

> *"Você não existe". . . . Eu não preciso nem mesmo fechar minhas narinas para me proteger dos cheiros fétidos que de você emanam porque não sinto mais nada que vem de você. Cheirar o que você emite, ver o que você me deixa ver, ou escutar o que você deixa ouvir seria admitir implicitamente a tua existência. Ora, você não a tem. Você não chega a ser nem uma merda. Você é um monte de cinzas, poeira. E tua morte é retroativa. Você existiu somente por acidente, uma falha na humanidade que deve ser reabsorvida. Você não pode tampouco se tornar objeto de memória, culto ou lembrança. O luto do qual você tornar-se-ia objeto te daria uma existência retroativa. Portanto, este luto não pode realizar-se. Você é um não lugar. (p. 118)*

Nossa compreensão do desumano deixa a desejar. Frente a ele nos sentimos perplexos, horrorizados e impotentes. Pode-se ignorá-lo ou se conformar. Também corre-se o impressionante risco de, ingenuamente, imaginar que é possível combater o desumano por meio de mais desumanidade. Deve-se "indagar a maldade com sua própria lógica, para que, a partir da denúncia de suas falsas premissas, ela possa vir a se desfazer ou... ser colocada em evidência quando tenta se camuflar" (Chuster, Soares & Trachtenberg, 2014b, p. 119).

Os psicanalistas conhecem teorias potentes em relação a esses fatos que são úteis apenas quando surge um paciente. O bárbaro, o justo, não tem interesse pela psicanálise, a não ser como inimiga. Talvez o desafio do analista seja articular esses conhecimentos com a política, no sentido de organização da convivência na pólis (Nosek, 2004). Seria essa área de psicanalistas? De cidadãos, com certeza.

8. Curiosidade e fazer "vista grossa": reflexões sobre a busca/fuga da verdade

Partindo-se da ideia de curiosidade como proposta por Bion, pista para catástrofe psicológica, discutem-se aqui fatores que transformam a curiosidade sadia em curiosidade arrogante. Nesta, identificam-se os temas deste livro: fuga da verdade, negacionismo, fanatismo e mentira. Vinhetas clínicas mostram sua concomitância, que se revela no mecanismo "fazer vista grossa". Esse aspecto é aprofundado no estudo do mito edípico.

Não é raro que um paciente, após um tempo razoável de análise, se dê conta de que suas defesas orientadas para a onisciência e onipotência não mais dão conta de seu suposto equilíbrio. Essa tomada de consciência é acompanhada de dor pela percepção de suas limitações, desamparo e finitude. Nesses momentos, o paciente – com razão – lamenta ter buscado análise. Sente saudade dos tempos em que se sentia superior, invulnerável, e acusa o analista de tê-lo reduzido a um simples ser humano. O paciente percebe que sua curiosidade – que o levou à análise – foi um péssimo negócio. O analista, por sua vez, frente ao sofrimento de seu paciente, poderia concordar com ele, não fosse sua experiência lhe mostrando que o contato com a realidade, mesmo sofrido, costuma ser melhor que a fuga. Nem sempre o analista está convencido disso e, em alguns momentos, questiona se foi realmente uma boa decisão ter se tornado analista... Na melhor das hipóteses, conseguirá perdoar-se pela ousadia.

Meu objetivo, neste texto, é refletir sobre o fato clínico curiosidade. Como se sabe, Bion (1958/1988) teve a intuição de que alusões a elementos da tríade arrogância-estupidez-curiosidade – no material clínico – indicavam uma catástrofe psicológica. Os dois primeiros elementos da tríade se tornam compreensíveis com algum esforço, mas a presença do terceiro, a curiosidade – considerada um fator importante para o desenvolvimento emocional –, é enigmática. Esse terceiro elemento deixa de o ser se for adjetivado, transformando-se em curiosidade arrogante. Bion propõe o mito edípico como ilustração das consequências em buscar a verdade dessa forma. No entanto, paga-se um preço pela curiosidade, mesmo não arrogante, quando o paciente não suporta a percepção da verdade. Faz sentido a afirmação de Franco Filho (2006): "A experiência mostra que o homem pode se manter na loucura, para não ter contato com a verdade, e pode enlouquecer porque tomou contato com ela" (p. 10).

Durante a reflexão, não me surpreendi ao identificar os mesmos elementos da tríade com funções opostas, isto é, como manifestação da fuga do contato com a verdade.

A busca pela verdade

Ainda que o ser humano intua que a verdade última (O, na nomenclatura bioniana) é inacessível, sabe-se que ele possui um desejo em conhecê-la (Freud, 1905), um impulso epistemofílico (Klein, 1932), cujo representante emocional pode ser nomeado como K (*knowledge* ou conhecimento) (Bion, 1962/2021). O dualismo pulsional mostra que a busca é também atacada, resultando em transformações -K (*minus*-K), equivocadas, confusas, falsas e mentirosas (Bion, 1970/1973; Cassorla, 2023b; 2023e). Se a curiosidade for tomada como fator da busca do conhecimento, há a obrigação de se perceber que sua perversão busca o não conhecimento.

A psicanálise tem usado o mito de Édipo como modelo para abordar as fortes emoções que visam eliminar um dos membros do casal parental para tomar posse do outro. Bion (1958/1988) propõe outro vértice. O crime de Édipo é a arrogância em descobrir a verdade, qualquer que ela seja. Essa arrogância se revela como um dos fatores da catástrofe psicológica decorrente dessa busca.

A identificação dos elementos da tríade proposta demanda investigação. Essa investigação, por sua vez, aumenta as resistências. É possível identificá-los em outros mitos. Entre eles, o do fruto proibido e o da torre de Babel. Proponho sua investigação, também, no mito de Narciso.

Narciso e Liríope

É sabido que a beleza do bebê Narciso assustou sua mãe, Liríope, que receava a hýbris – o excesso – condenada pelos deuses. Liríope procurou o adivinho Tirésias para aconselhar-se. Este lhe disse que Narciso não deveria ver-se, senão morreria. Como veremos adiante, ela deve ter tomado todos os cuidados para que isso não acontecesse.

A cena final do mito mostra Narciso frente a uma lagoa de águas límpidas. Olhando para a água, vê um lindo rapaz por quem se apaixona, sem perceber que é sua própria imagem. Quando se aproxima dele, o rapaz faz o mesmo. O jogo de sedução continua, mas não se resolve. Narciso poderia ter se jogado na água, em busca de seu amado, morrendo afogado. O mito, no entanto, termina com Narciso desesperado por não conseguir atingir seu amor, definhando até morrer.

Esse relato é o escolhido por Ovídio. Existe outra versão, de Pausânias, que conta de um jovem que, olhando dentro de uma fonte, se enamora da imagem de si mesmo. Como consequência, sobreveio a morte junto à fonte. Pausânias considera essa estória idiota – ou estúpida – pois seria uma tolice um indivíduo não distinguir o que seja um homem da imagem de um homem. Acrescenta outra versão: que Narciso tinha uma irmã gêmea. Vestiam-se da mesma forma e eram indistinguíveis. Narciso se apaixonou pela irmã, que veio a morrer. Ia então à fonte para se ver e obter consolo imaginando que não via sua própria imagem, mas a aparência de sua irmã.[1]

A prática clínica com pacientes limítrofes estimula uma ampliação da interpretação do mito. Imagino que Liríope se apaixona por seu maravilhoso bebê e se projeta nele, tornando-o sua propriedade – uma parte de si mesma. Liríope poderia simplesmente continuar possuindo seu filho maravilhoso. No entanto, sua curiosidade a faz consultar Tirésias – assim como o paciente consulta um analista. Deseja saber se os deuses tolerariam sua beleza ou eliminariam Narciso, por inveja. Essa curiosidade está vinculada a orgulho e culpa.

Tirésias, cego, tem a capacidade de "olhar para dentro". Se ele for tomado como objeto interno, intui-se que a dupla Liríope/Narciso morrerá se Narciso se conhecer a ponto de desenvolver mente própria. A consequência será a discriminação entre os membros da dupla e a vida na triangularidade edípica. Em outras palavras, o nascimento psicológico matará a relação fusional.

Consideremos Tirésias como representante da preconcepção edípica (Bion, 1962/2021). Liríope compreende que Narciso morrerá caso se desfaça a simbiose. Convenientemente se faz de tonta, ou estúpida. Revertendo a perspectiva (Bion, 1962/2021; Cassorla, 2023d), tenta não se dar conta de que Narciso já está morto para a vida, justamente porque não tem mente própria para discriminar *self* de objeto. Ela não quer perceber que sua função, como mãe, é desenvolver a

1 O estudo de várias versões do mito de Narciso pode ser encontrado em Ubinha & Cassorla (2003).

capacidade de "ver" de seu filho. Narciso morre devido a uma relação continente/contido destrutiva que impossibilita o sonhar e o pensar.

Não deixa de ser estúpido e arrogante Liríope consultar um adivinho como Tirésias, um "analista" que conhece as vicissitudes da fusão e da triangularidade. Pode-se imaginá-la se debatendo com a curiosidade em saber as consequências da fusão com Narciso e a curiosidade em saber como mantê-la quando sua dissolução é apontada. A questão implica observar o que se faz com o produto da curiosidade.

Paulo e a triangularidade

Paulo se escondeu em minha sala de análise e ouviu toda a sessão que ocorreu com outro paciente. Ao final, saiu triunfante do esconderijo.

Durante o processo analítico, ficou claro que Paulo estava revivendo, como em um teatro mímico, a situação de exclusão edípica. Ao mesmo tempo se defendia dela, sentindo-se incluído e atacando a intimidade do casal analítico.

Paulo havia chegado aterrorizado à análise. Aos poucos seu terror pôde vincular-se ao medo de que sua mãe morresse. Essa suposta morte, por sua vez, refletia sua ambivalência em relação a desprender-se dela e seguir sua vida. Mas ele intuía que não teria condições suficientes para isso e, por esse motivo, sentia sua existência ameaçada. Essa fantasia revelava o fato de que sua mente não tinha capacidade suficiente para simbolizar, isto é, transformar suas experiências emocionais em sonhos e pensamento. Sua morte era confundida com a morte da mãe porque, em fantasia, Paulo sentia que ambos eram um, indiscriminados.

Paulo me contava que sua mãe vivia apavorada com o risco de que algo ruim acontecesse ao filho. Fazia cenas quando este queria sair (Paulo tem 16 anos) e, se fosse inevitável, o seguia. Paulo se queixava do domínio da mãe, mas ficava culpado e assustado se a desobedecia.

Evidentemente Paulo se simbiotizou a mim, como no episódio descrito. Ao mesmo tempo se preocupava com um suposto abandono de minha parte ou que eu me aproveitasse de sua dependência.

Paulo se agarra a situações narcísicas porque não sabe lidar com a alteridade. O mundo dual é tanto protetor como ameaçador. A ameaça de discriminação *self*/objeto o aterroriza, como se perdido em um mundo infinito – similar a um astronauta que passeia pelo espaço e de repente se corta o cordão que o prende à nave. O modelo remete ao nascimento psicológico. Por falta de função alfa, Paulo não consegue dar significado a suas experiências emocionais e não terá como elaborar os lutos necessários para assumir a identidade adulta. Por isso, parte de sua mente busca desesperadamente não nascer, continuar indiscriminado do objeto primário.

Quando Paulo passou no vestibular e começou a afastar-se da mãe, esta responsabilizou o analista por isso e proibiu Paulo de continuar me vendo. Paulo fez um doloroso desmame, me visitava e escrevia longas cartas contando sobre sua vida e seus outros tratamentos. Após alguns meses, Paulo desapareceu.

Dois anos depois recebo a notícia de que Paulo se colocou, de forma proposital, em uma situação em que morreu juntamente com sua mãe. Imagino que ambos se salvaram dos traumas da realidade triangular, do Édipo, continuando a relação indiscriminada em um outro mundo idealizado, como um bebê dentro de um útero materno e uma mãe dentro de um bebê cuidador (Cassorla, 2010; 2021c).

A curiosidade em relação a uma vida após a morte mostra que, arrogantemente, se pode acreditar que ela existe, e a mesma arrogância fará acreditar que não. Entre verdades mentirosas e mentiras verdadeiras, é preciso assumir a própria ignorância (Cassorla, 2023d).

Por outro lado, a curiosidade de Paulo, ao esconder-se dentro da sala de análise – a curiosidade arrogante de olhar para o proibido – o fez correr os riscos de quem ataca a cena primária. A verdade de sentir-se excluído foi contraposta pela verdade/mentira da inclusão intrusiva. Logo, a curiosidade tanto mostra a arrogância em saber a verdade como revela sua transformação em mentira.

O olhar

A questão do olhar, da visão, é central tanto no desenvolvimento dos mitos quanto na necessidade de sentir-se vivo através do olhar do objeto primário.

Retornando ao mito de Narciso, a curiosidade o impele a ver Eco e essa visão o faz entrar em contato, ainda que pontual, com a triangularidade. Essa percepção é traumática e Narciso prefere "morrer", isto é, cegar-se para a realidade escondendo-se em uma organização protetora.

A estupidez se revela na incapacidade de Narciso diferenciar *self* e objeto. A arrogância se manifesta também em sua crença de que não precisa de ninguém, amparado pela simbiose/parasitismo com o objeto primário. Dessa forma, deixa-se morrer diante da fonte, enquanto imagina que será nutrido por um objeto inexistente.

O mito do fruto proibido é exemplar: quando o ser vivo se alimenta do fruto do conhecimento "abrem-se seus olhos" e descobre que está nu. Penso que a ingestão desse fruto remete à capacidade de obter consciência da realidade, senti-la, pensá-la e transformá-la, atividades essas não necessárias no paraíso-útero ou na fase simbiótica do bebê recém-nascido. Pensar implica criar, e somente se cria – se dá à luz – com esforço e dor, através dos órgãos procriativos, onde a mente ocupa um lugar importante. Essa capacidade, se não temperada, pode fazer o ser humano correr o risco da arrogância, como se fosse Deus, centro do universo.

A curiosidade se torna terrível quando ela faz tomar consciência da própria mortalidade. Penso que esse é o pecado original: ao desenvolver a capacidade de pensar descobrimos que somos mortais. A morte não é o castigo – a punição é o tomar consciência dela. Toma-se o efeito pela causa. Se, como os animais, de nada soubéssemos, não sofreríamos, mas tampouco seríamos humanos. Pode ocorrer que essa consciência seja tão ameaçadora que a desagregação mental se imponha, paralisando o pensamento e a criatividade. Ataques aos elos de ligação (Bion, 1959/1988) mostram "Deus" invejoso, superego destrutivo, não suportando nossa capacidade criativa.

No mito da torre de Babel, suponho que a confusão de línguas mostra que a onisciência e a onipotência, como nos demais mitos, não se mantém no ser humano. É impossível conhecer "todas as línguas", isto é, todas as partes do universo dentro e fora do ser humano. Nunca se alcançará o infinito, o O, por mais que arrogantemente o busque. Místicos e psicanalistas podem entrar em contato pontual com ele, mas se corre o risco de que sejam transformações em alucinose, produtos da própria mente. Fanáticos têm certeza que o alcançaram e devem eliminar todos os que duvidam deles.

A psicanálise lida com a verdade...

Uma senhora de 50 anos entra para entrevista. O analista acredita que ela deseja analisar-se, a partir de conversa telefônica.

Antes mesmo de sentar-se, inicia um discurso em que as palavras são sentidas pelo analista como projéteis. Parece não parar sequer para respirar. O analista se sente atingido e posteriormente verificará que teve atacada sua capacidade de pensar.

As palavras da senhora comunicam em dois níveis: o primeiro é o aqui descrito. No segundo nível, fala de seu único filho, com 23 anos, que ela está certa de que irá tentar suicídio, está esquisito, não fala com ninguém. Tudo isso vem junto com um dilúvio de informações: o analista sente que pode se afogar nelas. Já não sabe a que veio a senhora e se sente confuso. Quando a atmosfera está quase insuportável (e só passaram poucos minutos), o analista resolve interromper a fala.

Como que percebendo isso, a senhora dá o golpe final: muda seu tom de voz e sedutoramente diz que somente este analista poderá cuidar de seu filho, e lhe pede, em tom de segredo, que nunca diga ao rapaz que ele não é seu filho legítimo, que foi adotado quando bebê. Antes que o analista possa recobrar-se da surpresa, ela afirma que confia em sua discrição e quer já marcar horários e saber dos honorários.

O analista diz à senhora que não pode atender seu filho porque a psicanálise lida com a verdade e ele não pode analisar ninguém tendo a obrigação de manter um segredo. E complementa dizendo que só poderia aceitar o rapaz para análise se este soubesse que é adotivo.

No dia seguinte, o analista recebe um telefonema da mãe. Esta, "seguindo os conselhos do analista", contara ao filho que era adotado. O rapaz a agrediu e quebrou os móveis da casa enquanto gritava que preferiria não ter sabido, acusando a mãe de ter-lhe feito um mal terrível. Saíra de casa à noite, e não se tinha notícias dele.

A catástrofe, que vinha sendo anunciada, agora se torna incontrolável. O analista se sente responsável por ter ficado "cego" para sua estupidez. Arrogantemente havia decretado que a psicanálise, por lidar com a verdade, seria superior à mãe, mentirosa. A curiosidade mórbida pode ser identificada na "autorização" dada à mãe para contar sobre a adoção do filho.

O analista também percebeu que fez vista grossa (ou ficou surdo) para a pergunta da mãe sobre atender adolescentes e, por fatores desconhecidos, imaginou que a paciente seria ela. Como costuma acontecer, seu erro revelava um acerto: sim, era a mãe que precisava de um analista. Não de um analista em um momento arrogante e estúpido, mas um analista que desse continência ao desespero da mãe, sem invadi-la com aspectos superegoicos moralísticos.

Posteriormente se perceberá que a mãe planejara inconscientemente um conluio com o analista para que o filho soubesse que era adotado, mas sem responsabilizar-se por essa informação.

A apresentação da vinheta não pode ser encerrada sem informar o leitor que ambos, mãe e analista, corrigiram os rumos e o filho acabou fazendo análise com esse analista. Descobriu-se que o jovem intuía que fora adotado, mas tentara "cegar-se" para o fato. Precisava de ajuda de um analista para poder "abrir os olhos" sem vivenciar trauma insuportável.

Retomando o mito edípico

Ao propor a arrogância em buscar a verdade a qualquer preço como o crime central de Édipo, Bion (1958/1988) coloca

> *no centro da história: a esfinge, que formula o enigma e se destrói quando este é respondido; o cego Tirésias que, possuindo saber, lamenta a decisão do rei em sair em busca do mesmo; o oráculo que instiga essa busca que o profeta condena e, além destes, o rei que, concluída a busca, sofre a cegueira e o exílio. É essa a história cujos elementos se distinguem em meio às ruínas da psique e, em cuja direção apontam as alusões dispersas a curiosidade, arrogância e estupidez. (p. 81)*

Neste momento, busco uma ampliação das ideias de Bion sem preocupar-me se, eventualmente, as contradigo (Cassorla, 2018a). Baseio-me em Brandão (1992) e em minha imaginação especulativa para retomar o mito, iluminando outras facetas.

Vale lembrar que o bebê Édipo foi abandonado por seus pais, Laio e Jocasta, porque o oráculo havia previsto que ele mataria seu pai. Foi salvo por um mensageiro da casa de Laio que o entregou a um pastor de Corinto. Ali reinavam Políbio e Mérope, estéreis, que adotaram o bebê criando-o para ser príncipe herdeiro.

Suspeitando que não era filho legítimo, Édipo consulta o oráculo de Delfos. Os sacerdotes o expulsam do templo considerando-o maldito porque matará seu pai e coabitará com sua mãe.

Édipo, desesperado, foge para longe de Corinto, onde vivem seus pais. Encontramo-lo no caminho de Tebas, em cuja entrada existia uma Esfinge que matava os jovens que não decifrassem seus enigmas. Por outro lado, Laio, em séquito real, saíra de Tebas em direção a Delfos, para consultar o oráculo a respeito da mesma Esfinge que estava eliminando os jovens do reino. Édipo e Laio encontram-se numa encruzilhada. Um não quer dar passagem ao outro. Altercam-se e Édipo mata Laio e três guardas. Um quarto foge.

Arrogância e estupidez impedem que – como na vida – pais deixem os filhos os ultrapassarem. Laio tenta repetir a tentativa de filicídio (que já efetuara quando Édipo era recém-nascido). Mas, o jovem é mais forte. O guarda que fugiu leva a notícia a Tebas. Envergonhado, diz que o Rei e os demais haviam sido mortos por um bando, e não por uma única pessoa. Adiante se descobrirá que esse sobrevivente é, coincidentemente, o mesmo servidor que salvou a vida do bebê recém-nascido.

O Enigma de Esfinge é desvendado por Édipo. "Quem anda de manhã com quatro pés, ao meio-dia com dois e à noite com três" tem uma resposta fácil para quem teve os pés furados ao nascer, origem de seu nome – pés inchados. Os buracos em seus pés são também metáforas de buracos mentais. Ao nascer, passou perto da morte. Vivenciou o engatinhar em "vidros salpicados pelo chão", como capta nosso poeta Chico Buarque ao cantar a inveja e o ciúme. E já é um velho-jovem, com seu bastão, terceiro pé.

Após ouvir o enigma, Édipo aponta para si: a resposta é eu, o homem. Com a decifração, Édipo comprova que, a despeito de tudo, ainda tem recursos mentais para pensar suas percepções e sentimentos. Nesse momento, Édipo adquiriu a sabedoria do ser humano – sabe e não esconde para si mesmo que as pessoas nascem, crescem, envelhecem e morrem. Acabara também de vivenciar a morte, há pouco, ao matar Laio.

Penso que o desafio à Esfinge é um ordálio, um jogo com a sorte. Édipo, confuso com as previsões do oráculo e culpado por haver matado um homem, procura deixar ao acaso a decisão se merece ou não viver. Ele precisa, desesperadamente, defrontar em seu mundo interno, os aspectos bons, de vida, com os maus, de morte, para saber quais serão os vencedores. Correu o risco de um quase suicídio – homicídio precipitado pela vítima (Cassorla, 2021b) – mas descobriu que tem objetos internos amorosos e pensantes – frutos de quem o salvou da morte e apostou na vida.

Proponho que a Esfinge funcionou como substituto parental, e corresponde a uma configuração inconsciente arcaica: a figura combinada dos pais, inicialmente sentida como terrível, mas cuja destrutividade se transformará em amor, quando o bebê a introjeta como objeto total amoroso. Esfinges sufocam e matam, mas também desenvolvem a capacidade de pensar se existe estímulo amoroso. A curiosidade será criativa ou mortífera, dependendo dos recursos mentais e da qualidade da relação continente-contido. A Esfinge se mata porque não é mais necessária. Édipo dessimbiotizou-se, é um homem, e não precisa mais manter-se colado à mãe-esfinge.

Édipo se casa com Jocasta, prêmio pela libertação de Tebas. Tudo corre muito bem, é amado por seus súditos e tem quatro filhos com a Rainha. De repente, a peste toma conta de Tebas. Aqui se inicia a peça de Sófocles (s.d./1981). Que peste é essa?

Certamente a análise de Édipo deve continuar. Proponho que, quando ele atinge a idade em que seu pai foi morto, os conteúdos mentais escondidos emergem, no que se chama reação de aniversário (Cassorla, 1986; 2021d). Especulo que se trata da peste interna – da desagregação mental de Édipo. O oráculo dispõe que ela somente terminará quando descobrir o assassino de Laio.

Tirésias, o adivinho cego, é chamado e tenta convencer Édipo a cessar a investigação. Ele é o representante da prudência. Mas Édipo é ousado. Ameaça Tirésias e desafia seu orgulho. Este, irado, acusa Édipo de ser o criminoso.

Édipo aciona suas defesas psicológicas. Não só nega a afirmação de Tirésias, chamando-o de mentiroso, como acusa Creonte – seu cunhado que substituíra Laio no trono antes de Édipo chegar a Tebas – de ter armado um conluio com o adivinho para tirar-lhe o trono. Nesse momento, Édipo delira. Os psicanalistas diriam que Édipo projeta na dupla Tirésias-Creonte os seus conteúdos internos, acusando-os exatamente daquilo que fez: um conluio para matar o rei e tirar-lhe o trono e a mulher. Curiosidade arrogante e estupidez são as emoções predominantes no diálogo.

Penso que o mesmo ocorreu antes, quando Édipo foi considerado maldito pelos sacerdotes do oráculo. Estes sentiram-se incapazes de lidar amorosamente com a verdade. Suspeito que, "contratransferencialmente", se identificaram com os objetos internos do consulente, talvez porque este – assustado – chegou protegido por uma carapaça narcísica orgulhosa, de príncipe. Essa hipótese deriva da experiência clínica.

Jocasta intervém e convence Édipo a não valorizar oráculos ou adivinhos. Para convencer Édipo, Jocasta lhe conta dos fracassos do oráculo que havia previsto que Laio seria morto por seu filho. Mas, conta Jocasta, nada disso ocorreu, pois o filho foi morto quando bebê e Laio foi massacrado em uma encruzilhada.

Jocasta, ao proteger o filho da verdade, acaba, paradoxalmente, lhe fornecendo pistas valiosas. Édipo se alarma e quer saber sobre essa encruzilhada, sobre Laio, sobre tudo. Que estranho que ninguém houvesse falado sobre isso antes, que nada soubesse sobre a morte de seu antecessor...

A última trincheira que protege contra a verdade é a informação de que o rei Laio fora atacado por um bando. Édipo e Jocasta se prendem a ela – se se trata de um bando, não pode ser a situação em que Édipo encontrou o cortejo. O servidor sobrevivente é chamado para confirmar a informação. Antes que ele chegue, ocorre mais uma tentativa de encobrir a verdade. Aparece um mensageiro de Corinto anunciando a morte de Políbio e convidando Édipo a assumir o trono. Ignorando todas as evidências anteriores, mãe-esposa e filho-marido comemoram – se Políbio morreu de morte natural, o oráculo falhou... Mas Édipo se pergunta – não correrá o risco de casar-se com Mérope? Estamos diante de uma tentativa desesperada de negar as evidências, numa euforia maníaca.

O mensageiro de Corinto percebe o medo de Édipo de casar-se com Mérope, tomada como mãe, e tenta acalmá-lo. Diz-lhe que ela não é sua mãe, e que ele mesmo havia entregado o bebê a Políbio e Mérope, que o adotaram.

Não é mais possível fugir da verdade. Jocasta se retira, entra no castelo. Édipo joga a última cartada: afirma que Jocasta se sentiu envergonhada de perceber que Édipo seria filho de escravos. O servidor sobrevivente então chega. O mensageiro o reconhece e lhe lembra a história do bebê de pés furados que ele lhe havia entregado. O servidor, assustado, nega o fato. Édipo agora não pode mais esconder-se da verdade e força o servidor a contá-la.

Desesperado, parricida e incestuoso, Édipo corre atrás da rainha, sua mãe e esposa, com a espada desembainhada. Vai matá-la. Ela o havia mandado matar quando bebê e o enganara agora. Mas a encontra morta, enforcada. Retira os broches da roupa da mãe-esposa e vaza seus próprios olhos, lamentando-se profundamente pelo fato de saber coisas da vida.

Édipo agora não mais precisa ver. Adquiriu o autoconhecimento. Valorizará muito mais o ver "para dentro" que para fora. Castigou-se também por não ter se permitido ver a verdade. Édipo será agora um herói, sofrendo as consequências de seus atos.

Édipo é inocente, porque não sabia o que fazia. Ou culpado, porque não pôde entrar em contato consigo mesmo. Não importa, Édipo é homem, e sábio. Quando morrer, seu corpo será disputado, pois os deuses determinaram que ele abençoará a cidade que o enterrar.

A tríade arrogância-estupidez-curiosidade perpassa toda a narrativa e se torna mais evidente na cena do oráculo, na discussão entre Tirésias e Édipo e nas evasões da verdade efetuadas com a ajuda de Jocasta.

Fazendo vista grossa

A abordagem do mito pode ser complementada com uma proposta efetuada por Vellacot, um teatrólogo inglês, e retomada por Steiner (1985). Aquele autor mostra como os personagens do mito tinham dados suficientes para conhecerem a verdade, mas ela é dissimulada, encoberta. Estamos diante da estupidez. Associada com a arrogância e o ataque à curiosidade sadia. Vale a retomada de algumas situações, ciente da possibilidade de repetição.

Quando Édipo chega a Tebas, o assunto mais comentado certamente seria o assassinato de Laio. É difícil imaginar que o jovem não perguntasse onde, como e quando isso ocorrera. E, com esses dados, seria impossível que ele deixasse de suspeitar de si mesmo.

Outro fato desconcertante é que Édipo acabara de saber, no templo de Apolo, que estava predestinado a matar seu pai. Tudo indica que ele já duvidava que seria filho dos reis de Corinto e esse fora um dos motivos que o havia levado a consultar o oráculo.

Após derrotar a Esfinge, Édipo se casa com Jocasta, a viúva de um homem que teria idade para ser seu pai, e pouco tempo após saber que iria matar seu pai e casar-se com sua mãe. Não teria ficado curioso em saber sobre o casamento de Jocasta com Laio, quando ocorrera, se tiveram filhos etc.?

Esses fatos são evadidos por Édipo e pelos outros personagens do mito. Curiosamente isso também acontece com o espectador. O mesmo pode ocorrer entre a dupla analítica.

Jocasta é uma das personagens que mais contribui para a colusão e o encobrimento. Quando Édipo chega a Tebas, fazia poucos dias que soubera de morte de seu marido. Quando se casa com Édipo, não deixou de perceber a semelhança dele com Laio, nem poderia cegar-se totalmente para o fato dele ter a mesma idade que seu filho e trazer cicatrizes nos pés, origem de seu nome.

Jocasta odeia oráculos e não lhes dá importância. Suas colocações são emocionais e fora da realidade. Quando a verdade está prestes a aparecer, vem a notícia da morte de Políbio e Jocasta entra em conluio com Édipo, provando-lhe que ele não teria matado seu pai, pois Políbio teve morte natural. Era evidente que Políbio não era o pai de Édipo, mas ninguém quer "ver" isso.

Tirésias também tenta negar a verdade, e só cede quando provocado por Édipo. Há indícios de que preferiria sacrificar a cidade à peste com medo de ser morto ou exilado se enunciasse a verdade. Defende-se, porém, afirmando que a verdade surgiria mesmo que não falasse.

Todos os personagens do mito estão em colusão, demonstrando que a capacidade de pensar é sentida como aterrorizante pelas consequências advindas do conhecimento da realidade.

Édipo acabará cegando-se, e aqui nos lembramos do "cegar-se artificialmente para melhor focalizar a luz", que Freud escreve como fator do trabalho analítico, em carta a Lou Andreas-Salomé (Bion, 1959/1988). Pode ser também uma punição por seus olhos não terem podido perceber a realidade e uma forma de não se permitir elaborar o luto pelos pais: um que matou, o outro que levou ao suicídio.

A questão da visão será retomada por Bion (1970/1973) ao diferenciar o sensorial e o não sensorial, sendo esta e não aquela a área na qual deverá processar-se a relação analítica. O "ver" ou "não ver" será a representação sensorial de uma função mental que chamará "intuição" (cuja raiz latina *intuor* remete a "olhar cuidadosamente"), assim como ocorrerá com as outras funções sensoriais. Mas o sensorial visual parece ter uma importância peculiar: o mesmo Bion (1950/1988) leva aos primórdios do processo de pensamento quando a criança "quer entender" o que ocorre com o casal parental e associa isso ao desenvolvimento da visão. Existe, portanto, uma forte ligação entre o intuir e o ver sensorial, aquele tendo esta função como uma de suas bases.

Às situações descritas pode ser aplicado o modelo "fazer vista grossa", que poderia também ser dito "fechar os olhos para". Existe acesso à realidade, mas escolhe-se ignorá-la porque é mais conveniente. A expressão é propositalmente ambígua, pois é o resultado de várias defesas. Podem ser fraudulentamente conscientes, e aqui se tem a falsidade proposital (Cassorla, 2023b; 2023e). Comumente não é isso que ocorre: existe uma vaga consciência de que houve uma escolha em não olhar para determinados fatos, mas sem que se tenha consciência do que se está encobrindo com isso. Fazer vista grossa é um mecanismo mais complexo e astucioso que o recalque, a identificação projetiva e as cisões patológicas, e provavelmente envolve esses e outros mecanismos em conjunto.

Em outras situações, Steiner (1990) remete a "Édipo em Colona", outra peça de Sófocles. Aqui Édipo, já velho e pressentindo a morte, utiliza a onipotência, aproximando-se da divindade a ponto de abandonar os valores humanos. Tratar-se-ia de culpa irreparável envolvendo, também, o suicídio da mãe-esposa. Tanto o fazer vista grossa como o refúgio na onipotência serão considerados manifestações de organizações patológicas.

Retomando a questão da curiosidade

A curiosidade encontrada nos vários personagens discutidos poderia levá-los a perceber as formas utilizadas tanto para buscar como para evadir-se da verdade. O trabalho analítico é fruto dessa mesma curiosidade e propicia o contato – por vezes traumático – com a realidade. A análise é atacada e o analista pode ser envolvido no ataque, sem dar-se conta suficiente. Bion (1958/1988) mostra que o único recurso do analista é buscar a compreensão minuciosa do que ocorreu. Esses fatos foram estudados nos fenômenos denominados *enactments* crônicos e agudos, em que – da mesma forma – a única coisa a fazer é compreender os fatos (como a estupidez) após sua ocorrência (Cassorla, 2016b; 2016c).

Conforme visto anteriormente, o que faz a realidade ser terrível é a situação edípica. Quando a reconstituição do ego progride o suficiente, de modo a torná-la visível, mais ataques ao ego surgem. Fortes emoções se associam "à pretensão do paciente (ou do analista) de ter os atributos que são exigidos de quem procura a verdade, em especial a capacidade de tolerar as tensões associadas à introjeção de identificações projetivas de outrem" (Bion, 1958/1988, p. 83).

Explosões de inveja e ódio, destruição e desespero se associam ao objetivo pretensioso da psicanálise de buscar a verdade a qualquer preço e do psicanalista de abrigar aspectos cindidos e expulsos, sem perturbar sua visão equilibrada. Esses ataques podem ser identificados por meio da alternância entre curiosidade e estupidez, delas com a arrogância etc., e têm a ver com o terror da catástrofe psicológica decorrente da impossibilidade do uso normal da identificação projetiva. O mecanismo de fazer vista grossa pode ser uma maneira de articulação desses elementos, incluindo a própria vista grossa.

As situações descritas se aproximam da ideia de mudança catastrófica (Bion, 1970/1973). Quando esta ocorre em um meio no qual predomina o conhecimento (K), ela será criativa. Em um meio -K, aproxima-se de uma catástrofe real, com o enlouquecimento, a despersonalização, um sistema defensivo alucinatório etc. A mudança brusca durante a experiência analítica, ou uma crise que se expanda para além do consultório demanda investigação dos fatores: subversão do sistema, violência e invariância (Bion, 1965/2004). Na etapa pré-catastrófica, a análise não é emocional, é teórica e desprovida de mudança externa marcante. Na etapa pós-catastrófica, a violência fica evidente, bem como a experiência emocional. O analista também se sente atingido, e comumente o mesmo ocorre com familiares e outras pessoas. Nesse momento, o analista deverá tentar identificar os invariantes, isto é, os mesmos fatos que apareciam na fase pré-catastrófica estarão presentes, mas transformados, muitas vezes por meio da externalização de objetos internos no ambiente.

A resistência à mudança catastrófica é bem ilustrada pela anedota da criança que não queria voltar à escola. Ao investigarem o motivo, os pais descobriram que lá, na escola, se "ensinava apenas aquilo que não se sabe".

Eventualmente, a onisciência se transforma em um substituto do aprender com a experiência (Bion, 1962/2021). Substitui-se o que é verdadeiro e falso pela avaliação moral: certo ou errado. Estamos em área de onipotência que posteriormente Bion incluirá nas transformações em alucinose.

Conclusão

Como Bion nos alerta,

> *o problema que supõe a aprendizagem se cada integração revela mais o não integrado, particularmente na análise, quando cada ganho no conhecimento parece revelar quão pouco se conhece. Esta depressão é bastante comum, mas pode ser que a depressão racional, ao descobrir que pouco*

> *se sabe sobre si mesmo, se intensifique devido ao sentimento de que a devastação da personalidade é maior do que se esperava. A devastação é vista como consequência da curiosidade e o aspecto integrador se perde de vista. Quanto mais ávida seja a curiosidade, maior será o alcance da destruição que aparece. (Bion, 1992/1996,p. 275-276)*

Estamos perante vicissitudes consequentes à tomada de consciência de que se cada K nos abre para o conhecimento, também nos mostra que o desconhecido se amplia. O orgulho humano deve transformar-se em humildade de tal forma que não se perca a potência. Não se abre mão da fantasia de onipotência sem sofrimento. "Melhor não saber" é defesa comum para a humanidade. Outra é a mentira, uma defesa trabalhosa, já que o mentiroso tem que ter a capacidade de saber a verdade para transformá-la em mentira (Bion, 1970/1973; Cassorla, 2018b; 2023b; 2023e). Curiosidade criativa, curiosidade arrogante e ataques à curiosidade podem se manifestar de formas variadas. Quando a busca da verdade tem algum sucesso, ela deve ser temperada para suportar traumas decorrentes de seu encontro. Esse suporte ajuda a transformá-los em sonho e pensamento frutos de relações continente/contido férteis. No entanto, nem sempre isso é possível e tem-se de lidar com as limitações que fazem parte da vida.

9. Mentira e sedução perversa

Neste capítulo, introduzem-se fatores que se manifestam por meio da mentira, tanto no campo social como no campo analítico. Demonstra-se que o mentiroso tem uma mente sofisticada, pois deve conhecer a verdade para transformá-la em mentira. Propõe-se uma classificação das mentiras e discutem-se possíveis fatores subjacentes. Estuda-se a sedução perversa, que inclui o recrutamento de mentes usando-se comumente o engodo proposital para dominar a vítima.

> *Essa mentira constante não visa fazer as pessoas acreditarem em uma mentira, mas garantir que ninguém mais acredite em nada. Um povo que não consegue mais distinguir entre verdade e mentira não pode distinguir entre certo e errado.*
>
> *E tal povo, privado do poder de pensar e julgar, está, sem saber e querer, completamente submetido ao governo de mentiras. Com um povo assim, você pode fazer o que quiser. (atribuído a Hannah Arendt)*[1]

O objetivo deste capítulo é refletir sobre fatores que contribuem para que a mentira se manifeste, tanto na sociedade como no campo analítico. A reflexão visa, também, mostrar como fatos sociais podem servir

---

1 Disponível em: https://hac.bard.edu/amor-mundi/on-fake-hannah-arendt-quotations-2024-08-04. Acesso em: 01 dez. 2024.

como modelos úteis na clínica, em particular o que aqui será chamado de sedução perversa. Nos capítulos anteriores, ela foi abordada superficialmente como fator para movimentos fanáticos e negacionistas.

A mentira faz parte de complexos subterfúgios defensivos que o indivíduo utiliza para deformar e fraudar o contato com a realidade. O mentiroso sabe qual é a verdade e necessita ser capaz de pensá-la para, em seguida, poder cobri-la com um manto de mentiras (Bion, 1970/1973; Meltzer, 1990). A mentira, por ser dirigida ao outro, deve ser "crível", isto é, ter certa congruência com a verdade (Meltzer, 1983).

Há que se diferenciar três ideias: a falsidade, a mentira e a convicção fanática. Considera-se como falsidade aquela ideia que o indivíduo faz da realidade decorrente de falhas na sua capacidade de percepção. Quem afirmava, antes de Galileu, que o Sol girava em torno da Terra, tinha um raciocínio falso, mas certamente não estava mentindo. O inquisidor que sabe que Galileu está certo (a Terra gira em volta do Sol) mente para condená-lo por heresia.

Como se pôde notar, o objetivo do mentiroso é escamotear a verdade e criar uma mentira substituta. Na convicção fanática, a pessoa não diferencia falsidade de mentira – está cega em seu fanatismo e tem certeza de que sua crença é verdadeira. O convicto fanático tende a tornar-se inquisidor, o que implica perseguir e até eliminar aquele que não concorda com ele. Os mentirosos serão os outros, em um movimento projetivo.

Toda observação ou pensamento, por ser sempre incompleto, contém certo grau de falsidade. Isso é evidente no campo analítico, no qual a dupla nunca atingirá a verdade última, incognoscível. Apenas os delirantes e os místicos supõem que têm acesso a ela.

O mentiroso habitual diferencia verdade e mentira. Essa diferenciação pode estar prejudicada nos fenômenos psicóticos.

As mentiras podem ser classificadas tomando o gradiente *narcisismo – socialismo* (Bion, 1992/1996). Na área do socialismo, encontram-se as mentiras *altruísta* (autoacusação para salvar a vida de outro, por exemplo), *piedosa* (mascara verdades insuportáveis) e *protetora* (protege alguém, um grupo ou um ideal).

No lado narcísico do gradiente, encontram-se: a *mentira autoprotetora* (afasta o objeto intrusivo e retém o objeto necessário), a *mentira narcísica* (controla o objeto atacando a alteridade) e a *mentira perversa* que usufrui com o engano e o sofrimento. Aspectos perversos podem imiscuir-se nas demais mentiras, incluindo a *mentira política* estudada por Leitão (2000). Lemma (2005) propõe nomear *mentira sádica* aquela que visa humilhar o objeto.

A mentira perversa é o mote de *Otelo*, de Shakespeare (1622/2000). Seu amigo Iago faz Otelo acreditar que sua esposa, Desdêmona, o traía com Cassio. Iago estava ressentido com ambos por motivos políticos. Enciumado, Otelo mata Desdêmona e se mata ao descobrir a mentira.

O mito de Fedra e Hipólito (Branodão, 1992) é também dominado pela perversidade vingativa. O jovem Hipólito optara pela castidade. Fedra, sua madrasta, se apaixona pelo enteado. Rejeitada por Hipólito, Fedra se suicida, não sem antes deixar uma carta em que o acusa de tê-la seduzido. Hipólito morre devido à maldição de seu pai, Teseu, que acreditou na carta mentirosa de Fedra.

Os mitos estão repletos de situações similares, em que "amantes" desprezadas se vingam por meio de mentiras. As configurações são nomeadas "motivo Putifar" (Brandão, 1992) por similaridade com a situação bíblica em que a mulher de Putifar, chefe da guarda do Faraó, tentou seduzir José que, por rejeitá-la, foi injustamente acusado. É certo que o motivo Putifar se amplia para outras configurações, incluindo pacientes e seus (suas) psicanalistas.

Portanto, a mentira pode constituir-se também em um recurso adequado para a vida: existem as mentiras para poupar alguém; existem mentiras que cada um dedica a si mesmo (a negação da morte, das limitações, da inveja); existem mentiras que protegem os demais (perseguidos, torturados). Contudo, nas mentiras narcísicas (que podem se tornar perversas), o que se busca é a jactância, vanglória, com o intuito de seduzir o outro. As falsidades decorrentes de repressão (recalque) e outros mecanismos inconscientes de defesa contra o sofrimento acarretado pela percepção da realidade não devem ser consideradas mentiras. No entanto, como já assinalado, a complexidade da vida mental faz com que todos os aspectos se comuniquem – de formas variadas – entre si.

Grande parte da mentira "comum" é a "mentira narcísica", fruto de vaidade. Vale lembrar que Narciso, da mitologia grega, negava-se a se relacionar com outras pessoas e apaixonou-se por si mesmo, achando-se o mais lindo dos humanos. Acabou morrendo ao tentar se aproximar de sua imagem refletida na água. A madrasta de Branca de Neve tampouco suportou a verdade quando seu espelho lhe disse que "havia alguém mais bonita que ela" e mandou matar a enteada. Esses dois exemplos mostram a maldade que os mentirosos narcísicos/perversos carregam, o que pode destruir pessoas, reputações, grupos e até sociedades inteiras.

Especulando sobre fatores subjacentes

Comparando os relatos apresentados, inclusive o conto de Borges, no Capítulo 8, Orton e Bogle apenas desejam apossar-se de bens materiais. O eventual abuso emocional é um efeito colateral. Suas mentiras são, portanto, narcísicas ainda que, por vezes mascaradas como piedosas. Já Iago, Fedra e a mulher de Putifar envolvem os demais por meio de mentiras perversas que os farão sadicamente fruir da vingança.

Bogle utiliza suas "ideias geniais" para controlar o outro. A defesa narcísica, no entanto, é instável e a ameaça de morte – fantasiada como atropelamento – está sempre presente. A previsão autodestrutiva se realiza. Dessimbiotizado de Bogle, Orton se desespera, desamparado.

Ambas as situações indicam a busca de escudos protetores, defesas narcísicas contra o terror do aniquilamento.

Os suicídios de Otelo, de Fedra e da mulher de Putifar podem ser compreendidos de forma similar. Iago, invejosamente desesperado, recruta Otelo para que se torne um prolongamento de si mesmo. Otelo se deixa dominar pelas mentiras de Iago, revelando fragilidade narcísica. Cai em si após ter assassinado Desdêmona. Não suportando sua culpa, se mata. Possivelmente fantasia o reencontro com sua amada no outro mundo. Fedra e a mulher de Putifar são mulheres ambiciosas que não suportam frustração. Por isso atacam invejosamente a alteridade. Matam-se diante da não realização de seus desejos e atacam violentamente os homens que não os realizaram. Ao mesmo tempo, as mortes visam reencontrar a plenitude, fantasia pós-morte.

A mentira faz parte de nosso dia a dia e somos tanto vítimas como agentes. Num momento em que a mentira despudorada está nos meios de comunicação e nas redes sociais, não podemos esquecer que as mentiras também estão muito próximas de nós, como a mentira envergonhada de quem perdeu a hora, a mentira narcísica da colega que se apresenta com títulos falsos, o indivíduo que se sente superior caluniando e difamando os outros, o mentiroso contumaz corrupto e ladrão, por exemplo. Vale lembrar também da conhecida expressão: "a primeira vítima da guerra é a verdade", e essas guerras ocorrem também nas disputas pessoais do dia a dia, quando a mentira e a convicção fanática são encontradas facilmente.

Portanto, a percepção da alteridade frustrante, derivando em ódio e inveja, constitui importantes fatores subjacentes às mentiras narcísicas e perversas. Em situações sociais, uma pessoa ou grupo narcísicos podem deformar a verdade com sofisticadas táticas de convencimento, sem que as vítimas o percebam. Fanatismo, guerras e terrorismo sempre incluem mentiras como justificativas.

O estudo do caso Escola Base ajuda a compreender a conexão entre erros de percepção, mentira e perversidade. Em 1994, duas mães denunciam atos sexuais cometidos contra seus filhos menores, em uma escola de São Paulo. A polícia e a imprensa trazem dados confirmatórios, revoltando a população. Anos depois, os acusados foram inocentados após a descoberta de erros crassos nas supostas provas e perícias.

Nesse momento, tomei consciência de fatos que vivenciara durante a acusação e que não soubera valorizar. Uma repórter de televisão perguntava a uma criança de 4 anos: "Sua professora deitou em cima de você?" A criança olhava pasma para a câmera e não respondia. Outra pergunta: "Ela te dava beijos?". A criança acenava que sim, com a cabeça. Sentia-me constrangido, mas recusava a percepção da óbvia indução das respostas. Estava obnubilado pelas "certezas" divulgadas massivamente pela imprensa. Uma mentira repetida mil vezes se torna verdade, ensinou o nazista Goebbels.

A situação mostra como é fácil induzir emocionalmente grupos sociais, fazendo-os perder a capacidade crítica. No exemplo descrito, a ativação de aspectos perversos possivelmente ampliou os fenômenos de massa, como já observado em capítulos anteriores.

Não é difícil compreender a mentira maldosa quando ela é função de ressentimento, ciúme e inveja consequentes à tomada de consciência da alteridade. Pela mentira, o outro é controlado ou reduzido a "nada". Dessa forma, o mentiroso fantasia a completude narcísica. Uma vez que Branca de Neve tem de morrer para que sua madrasta seja a mais bela.

Como os ataques são feitos nas sombras, dissimulados e covardes, impõe-se um complexo modelo sádico-anal (Green, 2010) que se vale de fofocas, intrigas, difamações, *posts* e cartas anônimas. Quando os ataques não abalam a vítima, a inveja se torna insuportável e a fúria narcísica explode por meio de violência manifesta.

Resumindo, tratam-se de organizações narcísicas cuja função é atacar a triangulação edípica. Não raro as condutas podem ser justificadas pela ideologização. Quando o mal se torna um bem, a perversidade se torna aceitável e necessária. É um bem "obedecer ordens", como declara Eichmann, o criminoso nazista. Hanna Arendt (1999) considerou Eichmann um "pobre coitado". Seu conceito de "banalidade do mal" mostra que o mal "não tem profundidade nem dimensão demoníaca, mas pode proliferar e devastar o mundo inteiro... porque se espalha como um fungo sobre a superfície da Terra, desafiando, . . . o pensamento e a compreensão" (Lafer, 2017, p. A2).

A sedução perversa

O recrutamento de mentes se torna evidente quando ocorre o que nomeio como sedução perversa. São pessoas que se apresentam em forma muito simpática, agradáveis e eventualmente poderosas. Sua solicitude imobiliza o outro. As vítimas preferenciais estão em busca de figuras idealizadas que, supostamente, as completarão. Sentem-se envaidecidas por despertarem a atenção de pessoas aparentemente plenas. Podem constituir-se agrupamentos de pessoas estupidificadas que homenageiam seu líder ideológico, religioso ou científico. Uma vez que a vítima se funde, narcisicamente, ao algoz idealizado. Este, por sua vez, precisa da vítima para suprir sua vaidade. Na verdade, a empatia mentirosa esconde o ódio e a inveja. A sedução leva a vítima a se submeter com prazer sem que perceba a deterioração de sua capacidade de pensar.

A empatia aparente do narcísico/perverso destoa do olhar torto, invejoso, se o outro não se sujeitar ou mostrar sua capacidade criativa. As pessoas vulneráveis a esses ataques se deixam possuir pela voracidade e inveja projetadas dentro delas, permitindo que sua criatividade seja destruída, por vezes até com prazer. Evidentemente, as vítimas mantêm essas configurações porque necessitam dos suprimentos (mesmo falsos) do narcísico.

Se a mentira for descoberta, a organização defensiva ameaça se desarticular. Por isso, o mentiroso continua mantendo a mentira fervorosamente, mesmo quando desmascarado. Bion (1970/1973) lembra que "A mentira não se restringe ao domínio do pensamento, mas tem sua contrapartida no domínio do ser; é possível ser uma mentira e isso impede estar de acordo com O" (p. 114). Rubem Alves (1998) dizia "Mentia tanto que a mentira grudou em sua face" (comunicação pessoal).[2]

Se a mentira não mais puder ser mantida, os aspectos psicóticos, antes controlados, se manifestam com violência. Acaba a simpatia e a disponibilidade. Questionamentos são tomados como traições. Projetivamente os outros serão os mentirosos. Os denunciantes serão ameaçados e prejudicados de forma vingativa. A fúria narcísica pode avançar para a tortura mental e física e assassinato. A retomada da onisciência somada à arrogância e estupidez faz com que o narcísico chegue, ele mesmo, a acreditar em suas mentiras, a despeito de todas as evidências em contrário.

A vítima, por sua vez, pode não suportar a desidealização brusca e continua a acreditar no mentiroso. Em algumas situações, o sedutor pode ser "perdoado" ou lhe são dadas "novas chances". Ingenuamente se acredita que por meio dessas reparações maníacas a maldade será aplacada.

Outras vezes, o sedutor vence pelo medo ou/e pelo cansaço. O grupo cede a suas demandas perversas imaginando que poderá neutralizá-las ou, pelo menos, manter sua vitalidade em outras áreas. O auge da perversão grupal e institucional ocorre quando essas personalidades são indicadas (ou eleitas) para cargos nos quais têm poder de julgar os demais.

Configurações histeroides podem associar-se às características perversas. O analista, quando atende pacientes que contam terem

2 Rubem Alves foi teólogo, filósofo, escritor e psicanalista.

sido "seduzidos" por analistas anteriores – ainda que isso possa ser uma comunicação importante –, desconfia que, eventualmente, pode ser a próxima vítima. Somente o avançar do processo analítico discriminará as funções dessa comunicação. Ao contrário de Fedra, o mentiroso rejeitado não se suicida, pois as defesas são rearticuladas.

Essas pessoas são mais propensas a constituir conluios inconscientes de idealização/sedução mútua com seus analistas, sem que estes o percebam. A idealização alterna-se com dominação/submissão constituindo-se *enactments* crônicos.[3]

A necessidade de autoengrandecimento de muitos indivíduos se revela na busca obsessiva de ser famoso, importante, rico, bonito, ter milhares ou milhões de seguidores nas redes sociais. A necessidade de "aparecer" faz pensar em déficits primitivos dificultando que a pessoa se sinta genuinamente existente. É o que se tem chamado "sociedade do espetáculo".

Certamente a mentira se torna mais contundente nas sociedades com traços narcísicos acentuados, isto é, aquelas em que o outro é desconsiderado, coisificado, visto apenas como alguém utilizável para suprir necessidades narcísicas, e depois descartado.

Penso que a teoria da inveja pode ajudar a iluminar as configurações descritas, ainda que não seja a única. A inveja patológica (que vem junto com voracidade e ciúme) implica na impossibilidade de aceitar que o outro tem recursos emocionais e capacidade de amar. O invejoso nega essa realidade e quer acreditar que pode viver por si mesmo. O outro é menosprezado, tornado desnecessário e atacado em suas qualidades. A aparente "bondade" e disponibilidade escondem o desejo onipotente de manter o outro imobilizado, controlado, e, ao transformá-lo em parceiro, ataca sua vitalidade. Já que essas personalidades seduzem autoelogiando-se, contando vantagens e

3 Meyer (2015) e Cassorla (2015a; 2017d) estudam possíveis conluios perversos envolvendo a formação analítica.

mostrando seu poder e qualidades, em geral mentirosas. Poucos percebem que eles estão sempre rondando algum tipo de vantagem, real ou imaginária, e que o intuito de sua aparente simpatia é agradar o outro para mantê-lo sob seu domínio. Graças a essa "simpatia" angariam seguidores que os idealizam. Nesse momento, se está diante de configurações narcísicas e perversas que, na nomenclatura psiquiátrica, podem corresponder ao que se considera psicopatia.

A sedução perversa se revela por alguns comportamentos:

1. Autoidealização: esse mecanismo corresponde ao *marketing*, descrito anteriormente, que seduz as vítimas. Estas se espelharão nas supostas qualidades do narcísico, identificadas com ele.
2. Mimetismo: o mentiroso perverso capta as necessidades do outro e se mimetiza para agradá-lo (insuflando-o de "amor", elogios, "broncas" para seu bem, suposta estima, enfim). As mentiras visam dominar suas vítimas. A metáfora da sereia mortífera, sedutora, que atrai os navegantes para a morte, constitui um modelo útil. Hitler, Stálin e outros ditadores menores se utiliza(ra)m desse mecanismo.
3. Orgulho doentio e vitimização: os dois mecanismos são faces diferentes da mesma moeda e se constituem numa extensão da autoidealização e do mimetismo. O narcísico perverso faz o papel de um Deus poderoso, e a vítima se sentirá exaltada por estar junto a esse Deus. Ou, caso Deus se sinta frustrado ou não suficientemente reconhecido, se comportará como um Deus injustiçado, convencendo seu(s) parceiro(s) disso. Dessa forma, em nome da "verdade", todos lutarão contra supostos "inimigos" que não reconhecem o narcísico, por inveja. A confusão entre verdade e onisciência é facilmente perceptível, e serve para encobrir a mentira. A volta de corruptos e maldosos ao poder, ainda que desmascarados, decorre dessa vitimização sedutora.

Os três mecanismos funcionam em conjunto ou em alternância, dependendo das reações do outro e do grupo social. Com eles se fecha o círculo: o narcísico perverso prende a "vítima" em uma armadilha, armadilha da idealização, admiração e fantasia de preenchimento de seu vazio (da vítima agradecida). Dessa forma, constitui-se uma relação, aparentemente simbiótica, mas quase sempre parasitária: o mentiroso usa o outro para suprir seu próprio narcisismo, ao mesmo tempo que a vítima é devota de seu senhor e se realiza com os sucessos e mentiras que aquele lhe conta. O mito de Don Juan tem similaridades com o descrito, mas o leitor possivelmente encontrará esse tipo de pessoa muito próxima de si.

As vítimas ideais do mentiroso perverso serão aquelas pessoas (ou instituições e sociedades) com aspectos internos desvalorizados. Elas se identificam, de forma vicária, com a "riqueza" do mundo interno do narcísico e passam a idolatrá-lo, como um Deus. Ser aceito, "amado" ou protegido por esse "Deus" passa a ser algo paradisíaco, e as "vítimas" perdem a capacidade crítica, aceitando mentiras como se fossem verdades e justificando, com argumentos emocionais, comportamentos perturbados do narcísico. Por vezes se constitui uma "seita", de pessoas inexperientes, acríticas e carentes, que seguem e se identificam com esse "Deus". O campo está aberto para que se busque a "proteção" de figuras carismáticas, fanáticas, pessoas que convencem serem donos da solução "verdadeira" para tudo. Ou magos, gurus, líderes de igrejas ou seitas religiosas, políticos, ditadores, chefes de grupos supostamente científicos ou outros salvadores do mundo, muitas vezes com receitas ideológicas tão verdadeiras que podem estar até "científicamente comprovadas". Grupos humanos e nações, em fase de baixa autoestima, são alvo fácil de condutores desse tipo, como ocorreu na Alemanha com o nazismo.

Uma observação mais cuidadosa do mentiroso narcísico logo revela as seguintes características. Primeiro, atrás da simpatia e da disponibilidade existe algo não convincente, falso. No entanto, nem sempre é fácil identificar esse fato, graças à capacidade do narcísico mimetizar-se, atuar como personagem. Em segundo, a disponibilidade é seletiva e peculiar: o narcisista pode estar disponível diante das desgraças e necessidades do outro, porque tornar-se útil faz parte da sedução. No entanto, essa ajuda, em razão de seu narcisismo, é autoritária, comumente inadequada, e a vítima deve não só aceitar a ajuda da forma que ela vier, como ficar com uma dívida impagável, da qual será cobrada. Por outro lado, diante de alguma alegria ou sucesso do outro, o narcisista os ignora, os menospreza, ou demonstra sua inveja de outras formas. Terceiro, o narcisista mentiroso não suporta que o outro discorde dele, menos ainda que sua mentira seja desmascarada. O outro, nesse caso, será alvo de ataques violentos. Quando as pessoas começam a duvidar do narcísico, face a contradições, exageros, implausibilidade etc., ou caso elas se recusem a participar de alguma atividade ou conluio não ético, o mentiroso reage com "fúria narcísica". O ex-admirador passa a ser menosprezado, caluniado, difamado, agredido. Em grupos, ele será excluído. Em algumas sociedades sofrerá ostracismo ou será assassinado (como antes, queimado em fogueiras). Em outras palavras: a simpatia e a disponibilidade cessam repentinamente e agora aparece a verdadeira face, o narcísico destilando violência, ódio e inveja por todos os poros. Somente ele é verdadeiro (é o "dono da verdade"), os mentirosos, os não éticos e os perversos são os outros, principalmente as ex-vítimas, que, ao desdeificá-lo, lhe fazem sangrar a violenta ferida narcísica.

Dessa forma, o narcísico obstrui eventuais vínculos amorosos, atacados pelo ódio. Quando isso é evidente, o povo nomeia essas pessoas como "falsas", não confiáveis, "com quem temos que tomar cuidado", "que botam olho-grande". Seu aparente amor não é verdadeiro e sua destrutividade e inveja aparecem nos interstícios de sua "bondade", ou violentamente, quando emerge a fúria narcísica, após o desmascaramento da organização. O rebaixamento de tudo o que não está de acordo com sua onisciência é patognomônico, e é nessa área que a mentira aparece com mais potência. Os "traidores" não merecem ser reconhecidos como pessoas, são ignorados, aparentemente não são sequer vistos, mas existe sempre o olhar insidioso, rancoroso, sinônimo da inveja e impossível de ser escondido. Como derivações da inveja têm-se fofocas, difamações e calúnias, efetuadas contra qualquer pessoa que questione a divindade narcísica, ou provoque inveja por sua criatividade.

É bastante interessante observar que os mentirosos narcísicos se referem a seus "ex-amigos" que não se deixaram seduzir pela "simpatia" e promessas de poder (e aqui podem incluir-se também tentativas de sedução por dinheiro, sexo, poder etc.), ou perceberam a sedução maléfica, como perversos, num mecanismo projetivo óbvio.

Evidentemente, essas personalidades atrapalham o funcionamento familiar ou de qualquer grupo de trabalho, pois elas têm de ser consideradas sempre as melhores, reconhecidas por todos, infalíveis, enquanto precisam conviver com os outros, considerados "incompetentes e perversos", numa projeção massiva de seu próprio vazio e perversidade. Além de ficar alertas, como cidadãos, diante do mal que essas personalidades causam, é necessário refletir sobre o que faz com que tantas pessoas se entreguem acriticamente a indivíduos mentirosos que afagam com atenção, elogios ou "amor". É imprescindível saber diferenciar o que é verdadeiro e mentiroso, e isso somente o autoconhecimento permitirá. Isso não impedirá que pessoas sigam seus "gurus", mas há que se cuidar para isso não repercutir socialmente, como aconteceu na recente guerra das Malvinas, em que jovens argentinos, lutando contra a ditadura, foram voluntários para combater o "inimigo" externo, deslocando a indignação para fora. Ou, quando os governos buscam abafar o descontentamento do povo, tentando ganhar uma Copa do Mundo. Ou quando um ditador ou religioso tenta convencer a todos de que ele tem a solução para tudo.

É importante também realizar um diagnóstico precoce, pois o mentiroso narcísico pode ser sutil, mantendo seu poder por muito tempo, ou para sempre, seus seguidores decepcionados sendo substituídos por outros, e assim por diante. E, como em toda situação humana, não é impossível que juntamente com o ódio narcísico exista algum *quantum* de consideração pelo outro, o mentiroso narcísico equilibrando-se entre os dois aspectos. Finalmente, o narcisismo é contagioso: pessoas com baixa autoestima podem se identificar com os mentirosos narcísicos, tornando-se iguais a eles, mantendo famílias, grupos e instituições mortíferas por um tempo razoável ou para sempre.

Por fim, não se deve esquecer do eventual reducionismo das categorizações efetuadas. O perverso não necessariamente sabe que está mentindo, pois as configurações colocadas em cena no campo analítico ou na sociedade podem estar além da consciência. A complexidade da mente humana é maior do que qualquer descrição.

10. A mentira no campo analítico

Neste capítulo, são estudadas as situações em que a mentira se manifesta no campo analítico e formuladas hipóteses sobre fatores subjacentes, enfatizando-se traumas precoces.

Quando as configurações estudadas nos capítulos anteriores se escondem ou revelam, no campo analítico surge a questão: "Um mentiroso é analisável?" (Bion, 1970/1973; O'Shaughnessy, 1990). Penso que o "bom" mentiroso não será descoberto ou tornar-se-á um "melhor mentiroso". O mentiroso "mediano" ou o "mau" mentiroso permitem que alguma verdade assome.

Vale recordar que o analista não tem contato com a realidade externa. Somente com as transformações que o paciente traz para o campo analítico. Essas transformações (sonhos e não sonhos) se manifestam no aqui-e-agora e são necessariamente falsas (Cassorla, 2017c). Podem também ser mentirosas.

Sabe-se que vivências emocionais são transmitidas pelas variações da intensidade vocal, timbre, pausas, tons, como atos da fala, linguagem performativa (Austin, 1990; Franco Filho, 2000). O mentiroso sabe usar a música que acompanha as palavras – melíflua, sedutora, indignada ou/e ameaçadora – para induzir seu interlocutor a acreditar no que diz. O silêncio, o desafio e a tendência a polemizar fazem parte da indução (Etchegoyen, 1987) que, em última instância, visa destruir a função analítica (Feldman e Spillius, 1989).

O trabalho com mentirosos faz o analista participar de tramas conscientes e inconscientes das quais fazem parte aspectos sedutores, manipuladores, transgressores. O analista se identifica com esses aspectos, ao mesmo tempo que toma distância para significá-los. Nem sempre essa distância é possível. Mesmo profissionais especializados em criminosos podem se deixar enganar. São numerosas as terapeutas que se apaixonaram por criminosos psicopatas que atendiam. Welldon (2012) estuda a situação de Lord Longsford, que defendeu por 15 anos uma sabida assassina de crianças com quem se envolvera emocionalmente.

Rosenfeld (1987), um importante psicanalista que trabalhava no Reino Unido, conta situações vividas na análise com Caroline, uma psiquiatra que desejava se conhecer melhor. Durante o tratamento, interessou-se em tratar viciados em drogas e ficou feliz quando foi nomeada diretora de uma clínica especializada. Caroline mostrava a Rosenfeld como o trabalho com viciados a mobilizava.

Um dia, Rosenfeld se percebeu preocupado quando Caroline foi interrogada pela polícia em relação à prescrição criminosa de drogas. Mas Caroline convenceu Rosenfeld de sua inocência, fazendo-o acreditar que se tratava de difamação invejosa.

Pouco tempo depois, Caroline foi presa por vender receitas para viciados por altas quantias. Seu advogado queria que Rosenfeld a ajudasse, considerando-a esquizofrênica. Ao mesmo tempo, Caroline lhe escrevia, da prisão, dizendo ser sadia e inocente.

Na prisão, Caroline tentou contratar alguém que matasse seu substituto na direção da clínica, acusado de tê-la colocado nessa situação. Caroline foi condenada por tentativa de assassinato e somente após esse fato as autoridades diagnosticaram esquizofrenia. Rosenfeld descreve a cisão entre a parte sadia ("médica especialmente desvelada e bem-sucedida") e a parte criminosa, em que a mentira patológica era "tão completa que o analista se deixa levar e não sabe que o paciente está mentindo para ele. Com Caroline, nunca se tinha a impressão que ela estava mentindo" (p. 170). Portanto, quando ocorre cisão profunda do ego, a mentira perde o contato com a verdade e o paciente acredita na mentira como se verdade fosse.

Quando aspectos perversos do analista são ativados por aspectos similares do paciente, pode ocorrer do analista comportar-se de forma que seria considerada antiética por uma personalidade não perturbada.

Uma colega me conta, assustada, do risco suicida de sua nova paciente. Trata-se de uma jovem que mente para sua mãe sobre seu namorado e mente para o namorado sobre sua mãe. Percebo que a colega se mostra muito compreensiva com a paciente, considerando-a vítima de uma situação difícil da qual não tem responsabilidade. Quando me conta que a paciente havia planejado matar sua mãe fraudando um medicamento e, em seguida se mataria, me chama a atenção a dissociação entre o impacto da ameaça e o tom desafetado do relato. Em seguida, sou informado de que a paciente havia roubado os medicamentos necessários para o ato.

Ao levantarmos a hipótese de que a paciente poderia estar mentindo, a colega se lembrou de situações que mostravam subterfúgios perversos encenados pela paciente durante as primeiras entrevistas. A colega se surpreende por não ter se dado conta desses fatos. Na sessão seguinte, a paciente conta que descobriu que sua mãe estava tendo um caso com seu namorado. A analista não sabe se é verdade ou mentira. O que não deixava dúvidas era a externalização de objetos confusos e confusionantes que faziam a analista duvidar do que ouvia e observava e de sua capacidade analítica. Em seguida, a paciente abandonou o tratamento usando uma evidente mentira como pretexto.

Em outra situação clínica, eu ouvia Katia (Cassorla, 2016c), uma adolescente que atendera inicialmente em surto psicótico, quando percebo um relato contraditório. Ao confrontá-la, dou-me conta de que a verdade parcial encobria uma grande mentira. Descoberta,

Katia me conta, num relato triunfante, que estava envolvida com um traficante e voltara a usar drogas. Sinto-me irritado e lhe digo, sem pensar, que seria impossível continuar seu tratamento porque a análise lidava com verdades. Percebo que me ouve, interessada. Ao vê-la assustada, percebo que, pela primeira vez, ela me parece humana.

O trabalho com Katia me fez perceber que, naquele momento, tomávamos consciência de aspectos escondidos na trama inconsciente encenada no campo analítico. Uma parte de Katia estava identificada com um objeto perverso que me controlava. Ao mesmo tempo desejava, ardentemente, que eu me libertasse de seu domínio. A descoberta das mentiras nos fez correr dois riscos: reviver traumas primitivos escondidos atrás das mentiras e acentuar o vínculo sadomasoquista. Minha conduta (impensada) promoveu uma terceira alternativa: a emergência atenuada de aspectos primitivos, possíveis de serem significados.

No decorrer do processo, percebo que Katia pertencia a uma família orgulhosa de seus comportamentos hipócritas, na qual, por várias gerações, falsas capas éticas escondiam constantes transgressões. Katia se identificava com esses objetos vivendo uma falsa vida excitante. Ao mesmo tempo que buscava objetos vivos verdadeiros, duvidava de sua realidade. Transferencialmente, os aspectos perversos faziam parte de uma configuração defensiva envolvendo objetos distantes, cruéis e fraudulentos dos quais Katia buscava, inutilmente, confiança verdadeira. Comportamentos autodestrutivos (drogas, direção perigosa, sexo sem cuidados) revelavam, ao mesmo tempo, triunfo, autopunição e desesperado pedido de ajuda.

Em outro texto (Cassorla, 2013) mostro o poder contagioso da mentira como observado em um grupo de estudos quando uma analista contou sobre uma paciente que se vitimizava por meio de mentiras. A analista e o grupo se identificaram com a paciente sem se dar conta da fraude. Em determinado momento, o grupo passou a se sentir incomodado, mas sem ter clareza sobre os fatores envolvidos.

Somente mais tarde se percebeu que a paciente, sutilmente, deixava pistas para a identificação das mentiras. O estudo posterior mostrou que a paciente projetava um objeto controlador dentro da analista. Entretanto, em área paralela, aproveitava o trabalho analítico dando significado a traumas precoces. Enquanto introjetava um objeto confiável, a paciente arriscou deixar-se descobrir para verificar se a analista poderia ser realmente verdadeira.

As situações traumáticas

Como foi visto, um dos fatores para a mentira pode ser a necessidade de retomar relações duais. Essa retomada indica a necessidade de tamponar, em fantasia, situações primitivas vivenciadas como traumáticas. Vários autores vêm encontrando fatos congruentes com as vinhetas apresentadas, avançando em sua compreensão.

Marques (2007) mostra que o pensamento perverso substitui a impossibilidade de dar significado a experiências emocionais vivenciadas com objetos primários que odeiam a vida. A criança não se sente existente como ser humano, ludibriada e ignorada, cruelmente manipulada, vivendo como apêndice de algum outro. Impossibilitada de relações íntimas, as substitui por relações em que fachadas de elementos degradados se apresentam como substitutos do pensamento. O resultado é uma pseudovida inanimada, fetichizada, que ganha atributos de onisciência e onipotência. O indivíduo se sente existente somente a partir dessas estratégias, em que estão contidas – ao mesmo tempo – o momento em que se perderam a si mesmas e o único em que se reconhecem.

O'Shaughnessy (1990) estuda um mentiroso habitual identificado com um objeto que fingia ser continente, mas na verdade era distante. O paciente imagina que a suposta honestidade de sua analista é uma fachada. A analista se sentia enganada e não tinha certeza se estava sendo ou não enganada. O paciente se "adaptava" ao que se esperava dele. Ao mesmo tempo, invadia a mente da analista e se sentia poderoso por deixá-la confusa e insegura. A idealização narcísica da destrutividade sedutora era acompanhada por conluio sadomasoquista erotizado. A excitação servia para evitar temor e culpa, mas também envolvia o desejo de ser descoberto e punido.

Bollas (1987) descreve um mentiroso psicopata que o envolveu num plano homicida sem que Bollas conseguisse saber se era verdadeiro ou mentiroso. A função da mentira era vivenciar um sentimento de triunfo, e o autor a atribui a fantasias que o bebê cria para suprir vazios decorrentes de ausência de experiências com os pais. A mentira compulsiva se torna uma nova realidade essencial para a existência manipulando o objeto para gerar a ilusão de vida sendo vivida. Na transferência, mente para contrapor-se à presença sinistra do objeto primário ao mesmo tempo que recria os traumas que sofreu com os objetos parentais.

Rimano (2021) descreve uma paciente consciente de sua mentira ao mesmo tempo que está presa inconscientemente em um autoengano, mantendo cindida a marca de uma experiência primitiva, não simbolizável, que é o único com valor de verdade. A paciente inventa estórias que fornecem pistas sobre suas configurações objetais. A mentira se torna uma forma excitante de repetição e defesa. A paciente observa ativamente como o "outro" não a detecta na sua mentira, isto é, a ignora. Ao mesmo tempo, excitado com a fraude, busca controlar ou fugir do objeto não confiável.

As vinhetas e as considerações descritas vão na mesma direção das ideias de Ogden (1997), que considera a perversão como uma forma de extrair vida de experiências vivenciadas como mortas (*deadness*). A destruição da percepção da experiência de morte psicológica é alcançada por meio de tramas intersubjetivas excitantes, erotizadas e, eventualmente, perigosas, no intuito de sentir-se vivo.

As situações estudadas demonstram que as tramas manifestadas no campo analítico incluem traumas primitivos e defesas contra esses mesmos traumas. As áreas simbólicas que trabalham o conteúdo das mentiras envolvem traumas de áreas não simbolizadas manifestadas por afetos, atos, descargas e comportamentos. Mais importante que o conteúdo das mentiras são as funções que exercem na relação com o outro. Nessas situações, revelam-se aspectos caracterológicos não simbolizados.

Concluindo, corre-se o risco de reducionismo caso se esqueça que a mentira consciente pode ser apenas a parte manifesta de complexas configurações inconscientes. Mentira, dissimulação, sedução perversa e as configurações a elas associadas constituem-se como defesas contra a desestruturação psicótica, a revivência de traumas precoces, a sensação de não existência, constituindo-se como um palimpsesto que esconde múltiplos traumas.

Como foi visto, o mentiroso habitual convive com a verdade e a mentira e sabe disso. A comunicação entre ambas pode perder-se quando ocorre cisão do ego, acompanhada de recusa ou desmentida da percepção da castração (Freud, 1927/1976b), da diferença entre os sexos e entre as gerações (Chasseget-Smirgel, 1991).

As tramas perversas buscam transgredir limites e normas. O mal e a mentira são considerados superiores às normas, ao bem e à verdade. Corrompe-se a criatividade e a fertilidade é esterilizada. Erotiza-se a "intrusão e domínio de mentes e/ou corpos, para o benefício do intruso" (Tizón, 2015, p. 64). O objeto, fetichizado, não é considerado humano.

Os aspectos estudados remetem a complexos processos em que a vida é atacada e substituída por uma pseudovida excitante. No extremo da perversão e perversidade, o objeto, testemunho da verdade, tem de desaparecer sem que exista culpa.

Mães, pais, professores, religiosos, ideólogos e governantes desenvolvem formas para induzir emoções, tanto para o bem como para o mal. A mentira perversa é utilizada para enganar, corromper, dominar, controlar e manipular. Seu estudo deve levar em conta aspectos moralísticos que impedem ou dificultam a apreciação isenta. Mas se recusássemos a percepção da maldade e suas consequências seríamos também mentirosos perversos.

O próximo capítulo mostrará outros aspectos dessa complexidade.

11. Por um certo elogio da mentira: outros vértices de observação[1]

Este capítulo aborda vários aspectos da mentira, como a questão moral, o pensador e a mentira, mentira e falsidade, mentira e processo analítico, verdade e beleza, entre outros. O texto repercute principalmente ideias de Bion.

O paciente procura o analista porque quer alguém que o cure de seu sofrimento. O analista lhe dá a entender que sua função é ajudá-lo a se conhecer. O paciente aceita a proposta do analista, mas está mentindo. Seu único interesse é que seu sofrimento cesse rapidamente e o "conhecer-se" é sentido como um acréscimo indesejado.

O analista, por outro lado, tem dificuldades para explicar a seu paciente qual é seu trabalho. Seria como descrever uma flor a quem nunca viu uma flor (a metáfora indica tanto a fragilidade como a beleza). Não se descarta a possibilidade de o analista usar termos que imagina o paciente querer ouvir, no intuito de atraí-lo para o tratamento. Pode ser que, ao final da entrevista, o paciente imagine que convenceu seu analista a curá-lo, enquanto o analista acredita que o paciente compreendeu sua proposta. Ambos estão enganados.

Estamos perante um dos grandes dilemas da dupla analítica (e de todos os seres humanos) – colocar em palavras percepções e

---

1 Este capítulo foi escrito para um livro que aborda a mentira a partir da obra de Bion (*Bion's Vertices: On Truth and Lies*, de Tomasz Fortuna, que será lançado em 25 de outubro de 2025 pela Karnac Books).

sentimentos. As palavras não têm a qualidade e a potência necessárias para representar o que se está vivenciando. As sentenças resultantes serão necessariamente incompletas e falsas. As emoções que as acompanham podem dar-lhes uma coloração expressiva, mas essa expressividade tanto pode aproximar da verdade como deformá-la. Artistas e demagogos se especializam em encontrar meios para que ambas as situações ocorram. Psicanalistas, por outro lado, buscam a *language of achievement* (linguagem exitosa) (Bion, 1970/1973).

Portanto, paciente e analista são, ao mesmo tempo, verdadeiros e mentirosos. Existem meias verdades e meias mentiras ou, para ser mais preciso, porções variadas de mentiras convivendo com outras porções de verdade. Nas extremidades do espectro, teríamos utopias: a verdade absoluta (O) e a mentira absoluta (-O). O símbolo O foi proposto por Bion (1965/2004) para a realidade última, inacessível.

É possível que a mentira de que a análise "cura do sofrimento" seja providencial. Graças a ela o processo é iniciado, abrindo-se para a possibilidade de conhecer como se vai constituindo o espectro entre verdade e mentira, entre crescimento mental e ataques a ele.

Esses parágrafos conduzem a um certo elogio da mentira. Bion (1970/1973), em estilo irônico, dá a entender que, sem a mentira, a humanidade não teria podido sobreviver. Seu raciocínio não surpreende.

> *Os mentirosos mostraram coragem e resolução opondo-se aos cientistas, os quais, com suas doutrinas perniciosas. . . deixam os crédulos. . . sem a proteção natural necessária à preservação de sua saúde mental contra o impacto da verdade. . . a raça humana deve sua salvação àqueles poucos mentirosos de talento preparados para manter, mesmo em face de fatos indubitáveis, a verdade de suas falsidades; . . . (os mentirosos previnem) a expansão de doutrinas cujo único efeito seria induzir um sentido de desamparo e insignificância nos mentirosos e seus beneficiários.* (pp. 110-111)

Sabe-se do prazer sentido por uma criança quando descobre que pode mentir. Dá-se conta de que pode ter sua própria intimidade sem se sentir subjugado pelo outro. Mais ainda, pode fazer o outro acreditar no que deseja. Logo descobrirá que as vantagens da mentira são acompanhadas de complicações caso ela seja descoberta.

Por outro lado, a vida em sociedade mostra à criança a necessidade de mentir. Ela deve ser educada, polida, esconder seus sentimentos e desejos, adaptando-se ao que se espera dela. Sem essas mentiras, seria impossível a convivência entre os seres humanos. As fantasias sexuais infantis, o amigo imaginário, a crença de que seus pais são superiores etc. mesclam fantasias defensivas e mentiras necessárias. Quando não se constitui uma mente que possa sobreviver adequadamente, pode se desenvolver um *self* falso.

Ferro & Stela (2019) propõem considerar os humanos como *Homo fraudulens,* mostrando que as mentiras têm funções tanto destrutivas como reparadoras.

Considere a seguinte situação: o analista é procurado por uma mulher muito assustada com a ameaça de seu marido abandoná-la. Conta que o desencadeante da atual crise familiar foi o fato de ter sido vista, pelo marido, abraçada a um homem. Tratou-se de uma infeliz coincidência: o marido foi ao mesmo local onde um amigo lhe contava problemas pessoais e ela o abraçou para consolá-lo.

Em seguida, surpreende o analista contando-lhe que descobriu, por meio de leituras, que ela é uma personalidade narcísica. Continua: "Eu sei que personalidades narcísicas mentem e enganam seus analistas O senhor acha que isto pode acontecer?"

O analista, confuso, percebe que estava diante do paradoxo de Epimênides (século VI a.C.) retomado por Eubulides de Mileto (século IV a.C.) como:

"Um homem diz que está mentindo. O que ele diz é verdade ou mentira?".

Se for verdade que ele está mentindo, não está sendo mentiroso. Ao mesmo tempo, ele afirma que mente. O psicanalista terá que haver-se com paradoxos desse tipo, em que coexistem verdades e mentiras em formas complexas.

Freud foi obrigado a rever suas ideias quando percebeu que as seduções contadas por suas pacientes se referiam à realidade psíquica e não necessariamente à realidade factual. Portanto, o que é verdade para a primeira pode ser falso para a segunda. Um problema que se acentua, por exemplo, quando o profissional de saúde mental é consultado para esclarecer se abusos realmente ocorreram ou fazem parte de configurações do mundo interno.

Formações de compromisso escondem/revelam a verdade e a mentira por meio de sintomas, sonhos, atos falhos e outras transformações. Estamos diante dos mecanismos de defesa. Sua função principal é proteger o indivíduo da catástrofe decorrente da aproximação com a verdade, como se verá adiante.

O campo analítico

O estudo da mentira como se apresenta na sociedade supera a capacidade do psicanalista clínico cuja potência se revela apenas no campo analítico.

O clínico vivencia os fatos que ocorrem entre ele e seu paciente por meio de uma peculiar observação participante que o capacita a entrar em contato com emanações emocionais que revelam a conjunção de aspectos da realidade psíquica de ambos os membros da dupla analítica. Esses aspectos fazem parte de um espectro que inclui variados graus de verdade/mentira.

O campo analítico é considerado como um espaço-tempo no qual paciente e analista compartilham experiências emocionais que buscam ser sonhadas – no sentido proposto por Bion (1962/2021;

1992/1996) – ao mesmo tempo que essa capacidade é atacada. Nesse campo emocional, em que se manifestam sonhos e não sonhos (Cassorla, 2016a), nada acontece com um dos membros da dupla analítica que não repercuta no outro. O observador do campo se interessa menos pelos fatos em si que por sua relação, que, por sua vez, está em constante transformação e movimento. Como o observador faz parte do campo, a observação objetiva não é possível. Os princípios da incerteza e da incompletude mostram que a observação será sempre provisória, incerta, parcial e transitória. Aquilo que é observado, enquanto é observado, já se transformou, tanto por estar em constante movimento como porque o próprio processo de observação já transformou o observado. Contudo, não será possível decidir sobre o grau de influência do observador no que é observado e vice-versa. Tampouco se pode ter certeza em relação ao que pertence ao paciente, ao analista e mesmo o que é verdadeiro, falso ou mentiroso. Verdade e mentira podem coexistir em variados graus. A suposta paralisia do campo, muitas vezes, nada mais é do que a paralisia da capacidade do observador transitar por variados vértices de observação. São fenômenos complexos (Morin, 2008) em que as relações causais não fazem sentido.

Vale lembrar que, no campo analítico, a dupla se dá conta apenas de transformações de O, já que O é incognoscível. Essas transformações (Bion, 1965/2004) são eliciadas pela relação emocional entre os membros da dupla e nomeados como transferência/contratransferência, transformações em conhecimento, transformações em sonho (Ferro, 2009), transformações em não sonho (Cassorla, 2018c), transformações em alucinose, transformações em O. Transformações em conhecimento (K) são acompanhadas por ataque a essas transformações (-K). A mentira faz parte de -K juntamente com outras defesas.

Estar receptivo às evoluções de O implica um estado de mente sem memória, desejo ou intenção de compreender, em que o analista convive tranquilamente com o mistério e o não saber, deixando-se tomar pela imaginação. As transformações em O indicam momentos intuitivos em que o analista se torna O, ainda que não o conheça.

A questão moral

A limitação da percepção para o campo analítico pressupõe ausência de avaliações morais, o que seria permitido se o analista estivesse no campo social. No entanto, elas podem tomar o profissional e o melhor que pode fazer é deixar que se evidenciem os fatores que tornaram essas avaliações presentes, evitando que elas sejam descarregadas e atuadas.

Existe o risco de considerar a suposta verdade como superior à mentira. Bion (1970/1973) manifesta essa valoração quando se vale do pintor Ruskin que considera a verdade desejável como doadora de vida (*life-giving*). O mesmo Bion lembra que o indivíduo pode acreditar que destruir é melhor que criar, como ocorre com o paciente suicida. Sabe-se, porém, que o suicida acredita em uma mentira – sua morte o levará para um estado de tranquilidade total, um outro mundo após a morte (Cassorla, 2021c). A maior parte da humanidade acredita nesse fato. Isso é verdadeiro.

Existe outro momento em que Bion (1970/1973) faz uma provocação saborosa:

> *. . .supõe que se autorizou continuar uma experiência até um ponto em que o paciente sabe que a formulação é inverídica, mas na verdade ele a mantém porque perturbaria seu desenvolvimento não fazê-lo? A mentira pode ser criada porque – na visão do mentiroso – ela traria proveito para ele ou prejuízo a outrem: é correto em tal caso dizer que é verdade, e verdade importante, que a inabilidade em tirar proveito para si ou prejudicar o próximo leva a*

> *um cataclismo psicológico? Tanto quanto acho verdadeiro . . . (Bion, 1970/1973, p. 107-108)*

Um paciente pode agradar o analista enquanto o idealiza. Essa defesa pode esconder terrores de variados tipos. A admiração excessiva é falsa, mas também verdadeira, pois faz parte dos recursos que o paciente descobriu para sobreviver em um mundo ameaçador. Os terrores, por sua vez, são verdadeiros e também são falsos porque eles não revelam a complexidade das situações.

Como se sabe, a própria ideia de verdade é temerária. Bion, assim como Kant, a considera inacessível, o *noumenon*, a coisa-em-si, o O. É possível captar apenas emanações ou transformações desse O quando elas, em forma turbulenta, se interseccionam com um pensador que as acolha enquanto continuam transformando-se dentro da relação pensamento-pensador. Bergstein (2020) lembra de que

> *a complexidade da realidade psíquica, saturada de contradições, paradoxos, incertezas e dúvidas, subverte o equilíbrio psíquico, ameaçando a personalidade com uma enxurrada de emoções: ansiedade, sexualidade, frustração, medo, arrependimento, imprevisibilidade e perda de controle, decepção e afins. Por outro lado, a realização das esperanças também pode potencialmente trazer uma sensação insuportável de êxtase. (p. 864, tradução do autor)*

Em outras palavras, o contato com o não sabido provoca uma catástrofe – nem sempre suportável – em que o supostamente conhecido, ao ser substituído, revoluciona as conexões dentro da rede simbólica do pensamento. Pode-se fugir dessa situação por meio de defesas que transformam a realidade ou evitam contato com ela, incluindo-se a falsidade e a mentira.

A humanidade, buscando lidar com a suposta verdade, criou sistemas como a religião, as artes, as ideologias, a ciência. Alguns têm tido certo sucesso. Comumente servem para consolar o indivíduo, desamparado, que não consegue conviver com a ignorância, a incerteza e a dúvida.

O sistema judiciário se especializou em aplicar leis que, visando o bem comum, definem as verdades. Fazem sucesso as situações em que um júri busca a verdade por meio de indícios e testemunhos. A atração decorre da curiosidade humana em relação aos testemunhos mentirosos e às pistas interpretadas equivocadamente. Podem ocorrer erros judiciários. Pouco se sabe sobre os erros que não foram identificados. Esses mesmos erros nos defrontam com a fragilidade da mente humana para discernir o falso do verdadeiro e para o entorpecimento da mente quando não consegue lse ibertar da influência de fortes emoções.

O clássico filme *Rashomon* mostra como um evento é visto por diferentes observadores, concluindo-se a impossibilidade de se chegar à verdade. Bion (1963; 1992/1996) propõe a observação por meio de vários vértices, o *common sense*, isto é, a conjunção dos vários sentidos, cada um confirmando as percepções dos demais. Bion também propõe o termo *selected fact* tomado de Poincaré, indicando a captação intuitiva de uma certa harmonia na confusão e aparente aleatoriedade dos fatos vivenciados. Essa harmonia provoca um sentimento de verdade.

A proposta de Bion se aproxima de um sistema de antenas parabólicas em que a mente do analista perscruta o universo infinito (O) buscando momentos K (Cassorla, 2018c). A intuição psicanaliticamente treinada poderia ainda vivenciar aspectos ultra e infrassensíveis.

Grotstein (2007) propõe que a busca da verdade é instintual. A curiosidade envolve uma busca apaixonada e implacável sobre a verdade da própria pessoa e de suas relações objetais. Freud e Klein já haviam proposto um impulso epistemofílico similar. Não se pode deixar de considerar um impulso oposto que busca evitar essa mesma verdade. Bion (1970/1973) alerta para os perigos da curiosidade mórbida, acompanhada de arrogância e estupidez, ilustrando esses fatos com vários mitos.

Bion (1971) coloca a mentira na categoria 2 da Grade, que inclui outras defesas que o indivíduo utiliza para fugir do conhecimento. O analista evita a valoração ao considerar que o paciente busca escapar da mudança catastrófica porque não tem recursos para lidar com ela.

A mentira pode ser utilizada para recrutar o analista a não perceber a verdade, entorpecendo sua capacidade de pensar (Bion, 1961/2001). Estamos na coluna 6 da grade e o analista corre o risco de tomar o expressivo fluxo mentiroso como verdade. Bion (1963) também descreve a reversão da perspectiva quando o paciente inverte as premissas daquilo que o analista lhe comunica, o *superego* moralístico (Bion, 1962/2021; 1970/1973) que substitui a diferenciação entre verdade e mentira pela aprovação ou condenação, o ataque aos vínculos (Bion, 1959/1988) que impede a comunicação entre partes do *self* e com o analista e as transformações em alucinose (1965/2004), em que a realidade é substituída por criações próprias sentidas como superiores. Negação, cisão, identificação projetiva, recusa, fragmentação e os demais mecanismos de defesa conhecidos fazem parte desse mesmo conglomerado que busca lidar com a ameaça de catástrofe emocional caso se percebesse a realidade. As defesas revelam, em última instância, ataques às partes da mente que se conectariam à turbulenta realidade interna e externa.

Espera-se que a mente tenha recursos suficientes – função alfa – para transformar as experiências emocionais em símbolos, sonho e pensamento, cujo resultado é a parte não psicótica da personalidade. No entanto, ela convive com uma parte psicótica. Seria simplista considerar que a primeira revela a verdade e a segunda, a mentira. Ambas são verdadeiras e mentirosas ao mesmo tempo.

Para que a mentira seja crível, deve existir uma certa congruência com os símbolos que representam a verdade (Meltzer, 1983). Não é possível acreditar que o paciente faltou à sessão devido a uma invasão da Terra por marcianos, mas um engarrafamento de trânsito pode ser convincente. O analista terá que diferenciar se está diante de uma mentira inocente, um delírio ou uma manipulação. Ou um pouco de cada aspecto. Estamos nos limites entre defesas neuróticas, perversas e psicóticas. Sabe-se que uma grande mentira pode ser crível se ela incluir um pouco de verdade, como mostram os ditadores e os demagogos.

O pensador e a mentira

Bion adverte que a verdade não exige um pensador, enquanto a mentira necessita de um pensador que transforme a verdade em mentira.

> *Todo ato de pensar e todos os pensamentos são verdadeiros quando não existe o pensador. Pelo contrário, para mentiras e falsidades é absolutamente necessário o pensador. Em qualquer situação em que este está presente, os pensamentos formulados são expressão de falsidade e mentiras. O único pensamento verdadeiro é aquele que nunca encontrou um indivíduo para "contê-lo". (Bion, 1970/1973,, p. 129)*

Portanto, o mentiroso deve ter uma capacidade simbólica sofisticada para poder pensar a verdade e, em seguida, transformá-la em mentira.

A cor azul do céu, o teorema de Pitágoras, o fato de que a Terra gira em torno do Sol ou a ameaça de um animal predador já existiam antes de que esses fatos fossem percebidos e pensados por seres humanos. Bion (1970/1973) considera a verdade como o alimento da mente, indispensável para seu desenvolvimento. A relação comensal ou simbiótica entre pensamento e pensador promove crescimento. Já a relação entre o pensador e a mentira é parasitária e ambos são destruídos. Ódio à verdade, voracidade e inveja são fatores de -K. O modelo nos auxilia a pensar sobre fingimento, hipocrisia, corrupção, idealização, estupidez, indiferença, fanatismo, crueldade e demais formas de perversão através da observação dos complexos vínculos emocionais cuja notação K, L, H e seus negativos nos abrem para inúmeras possibilidades. Por exemplo, -H é evidente nas configurações que se manifestam como hipocrisia; -L na superproteção e possessividade que impede o desenvolvimento; -K no fanatismo e na mentira.

Pode-se propor uma expansão da coluna 2 constituindo-se uma grade negativa que ajude o analista a pensar nos ataques à verdade que ocorrem durante a sessão. Chuster Soares e Trachtenberg (2014b) propõem, na coluna vertical, (-A) reversão da função alfa, (-B) vínculo parasitário, (-C) estado confusional, (-D) preconceito, (-E) degeneração e empobrecimento emocional, (-G) morte. No eixo dos usos: (-1) Mentira, (-2) Simulacro, (-3) Mistificação, (-4) Dispersão, (-5) Hamlet e (-6) Consequências.

Hamlet, a coluna -5, indica a investigação que busca fugir da verdade, ao contrário da coluna 5 da grade positiva que Bion havia nomeado originalmente como Édipo, representando a busca – por vezes, arrogante – da verdade.

A reversão da função alfa gera elementos beta com restos de ego e superego, os objetos bizarros. Os escombros somente podem ser evacuados em forma de ação, perturbações somáticas, transformações alucinatórias, comportamentos de grupo suposto básico.

Existe a possibilidade de que a reversão da função alfa não necessariamente fragmente e destrua os elementos alfa em processo de formação. A mentira os recobre como um manto que, desvelado, reencontra os símbolos verdadeiros (Meltzer, 1983).

Mentira e falsidade

A avaliação do que é verdadeiro, falso ou mentiroso implica em levar em consideração as partes da mente que nos fazem entrar em contato com os fatos. Pode-se descobrir que a asserção supostamente verdadeira: "o céu é azul" se torna impossível para o cego e confusa ou falsa para certos daltônicos. Supor uma extensão mental dessas dificuldades em que determinadas pessoas não têm capacidade de enxergar aspectos da realidade e, por isso, poderão ser chamados cegos, estúpidos, falsos, hipócritas, mentirosos ou loucos.

Outra possibilidade é que o azul do céu não se mantenha quando nos aprofundamos em seu conhecimento por meio de instrumentos ou de naves espaciais. Em outras palavras, quando se vai em direção a O, o fluxo de transformações amplia ou modifica as percepções e isso nunca termina. Aproximamo-nos da inefável ideia de infinito. Um termo cuja realização não é possível a não ser, talvez, para alguns místicos. Ou, para certos momentos que ocorrem no campo analítico, quando nos sentimos em uníssono com a realidade (*at-one-ment*) (Bion, 1970/1973). Há, no entanto, que se cuidar para a possibilidade de que esse vislumbre de O não seja também uma transformação em alucinose, isto é, uma criação mulcta da própria mente.

A complexidade da realidade pode fazer com que a mente se defenda por meio de relações causais, reducionistas e moralistas, por vezes acompanhadas de onisciência. Pode ocorrer o oposto e as relações causais se expandem para a complexidade.

Um exemplo da epidemiologia – uma área que tem tido sucesso na compreensão de fatores que levam ao adoecimento – nos ajudará. No início do século XX, supôs-se que a icterícia de determinados pacientes que tinham sífilis seria sequela da infecção. Em seguida, observou-se que a icterícia aparecia principalmente em quem era tratado com mercuriais e nova relação causal foi proposta. Outras observações sugeriram que não eram os mercuriais os culpados, mas o fato de os pacientes tomarem injeções com seringas usadas. Em seguida, descobriu-se que elas estavam contaminadas com um vírus que causava hepatite. O aprofundamento na complexidade envolvida levaria ao exame de aspectos do vírus, sua relação com características do hospedeiro, do ambiente global, do significado da doença, da vida, da morte... caminhando-se em direção a O, cada K sendo útil e necessário, mas nunca se chegando à realidade última.

Bion, em geral, não diferencia falsidade de mentira, ainda que em algum momento considere estas como falsidades "morais".

"Podemos supor que a ideia messiânica tenha uma contrapartida, a verdade absoluta, O, para a qual não é necessário um pensador. A falsidade caracteriza o pensamento dentro de um continente. Segue-se que todo pensamento, como se entende comumente, isto é, como atributo do ser humano, é falso, e o problema associado com ele é o grau e a natureza da falsidade. A mentira é uma falsidade associada com "morais" (Bion, 1970/1973, p. 129).

Neste texto, considero a mentira como algo intencional e, como foi visto, produto de funcionamento adequado da rede simbólica do pensamento. A falsidade, no entanto, decorre de deficiências na capacidade de observar a realidade. Como é impossível ter acesso a sua vastidão infinita, toda afirmação sofre de certo grau de falsidade. Além disso, existe a limitação das palavras para descrever as experiências emocionais e suas transformações. É possível ampliar a ideia de falsidade para as defesas inconscientes, já que o indivíduo não está ciente do que está ocorrendo.

Antes dos telescópios e da mente matemática dos astrônomos, a observação do horizonte convenceria, falsamente, que o Sol aparece e se põe girando em volta da Terra. No entanto, muito antes de Galileu, essa aparente verdade havia sido questionada. Galileu foi condenado pela Igreja porque ela não suportaria as mudanças catastróficas decorrentes da intrusão do novo no supostamente já sabido.

Em outra vertente, o paciente pode acreditar que o analista está disponível para ser maltratado. O paciente não sabe que essa é a forma de manifestação de um predador interno. A identificação projetiva não é propriamente uma mentira. Trata-se de uma transformação em que as invariantes podem ser identificadas, ao contrário das transformações em alucinose quando a distância da verdade se torna imensa.

Mentira e falsidade fazem parte de um espectro similar a tantos outros (consciente ↔ inconsciente, finito ↔ infinito, sonho ↔ não sonho). Os elementos do espectro podem coexistir. A ressonância do termo mentira faz com que, comumente, as falsidades sejam incluídas. Essa ampliação tem laivos de mentira e de verdade.

Uma importante verdade do ser humano é seu desamparo terrífico. Sentir-se o centro do mundo passa a ser a mentira necessária para sobreviver. Os outros existem para satisfazê-lo e são sentidos como parte de si mesmo. Estamos em área de realização alucinatória do desejo. O narcísico psicótico mantém a crença alucinada e não percebe que parte de sua vida não é vida. Mas há um incômodo entre vida ↔ não vida que pode levá-lo ao analista.

O paciente que considera que a função do analista é deixar-se maltratar permite, de alguma forma, que o analista o faça aprender com a experiência que ocorre no campo analítico. E o paciente poderá dar-se conta de que o fato de o analista ter mente própria não implica na existência de um predador entre eles. A mentira se aproxima da verdade.

Esse predador já existia como preconcepção inata como ocorre com um filhote da ave que foge da sombra das asas de um gavião? Ou se trata de memória, colocada em ato, de experiências vivenciadas antes que existisse a capacidade de simbolização verbal? Ou se trata de vingança de um paciente que transferencialmente (ou na realidade) sentiu-se maltratado por esse analista? Ou todas essas possibilidades ao mesmo tempo?

Estamos diante de um espectro em que variados tipos de falhas na capacidade de perceber e pensar se estendem em recalques, cisões, negações, ataques aos vínculos, falsidades, onisciência, confabulações, simulacros, alucinações, mentiras, reversões de perspectiva, fragmentações, recusas e outros fenômenos ainda não nomeados porque estão além de nossa capacidade atual de percebê-los.

Mentira e processo analítico

Um paciente mentiroso pode não ser indicado para análise porque o analista deseja um aliado confiável em sua investigação rumo à verdade. No entanto, o analista é complacente com pacientes que evitam o contato com a verdade utilizando outros mecanismos que não parecem ser conscientemente intencionais. O analista pode se enganar, nas duas situações.

Tomemos o mesmo exemplo que Bion (1970/1973) utiliza em seu texto. O paciente constantemente inventa desculpas em relação a seu atraso para chegar à sessão. O analista se dará conta de que sua eventual irritação (do analista) faz parte do que o paciente tenta comunicar – da mesma forma como foi observado com o paciente que maltrata o analista. Outras vezes o analista poderá perceber que os atrasos do paciente lhe são convenientes e "faz de conta" que nada está ocorrendo. O "fazer vista grossa" (*to turn a blind eye*) (Steiner, 1985; 1993; Cassorla, 2016b) envolve um complexo defensivo conveniente que transita entre verdades e mentiras. Trata-se também de uma defesa contra o "cegar-se artificialmente para deixar-se penetrar pela luz", preceito técnico que o analista utiliza para vivenciar evoluções de O (Bion, 1970/1973).

O analista experiente vive a experiência emocional que está ocorrendo e imagina ("sonha") fatores que poderiam ampliar a capacidade de pensar sobre os fatos. Poderá compartilhar seus "sonhos" com o paciente enquanto observa como este reage a esse compartilhamento.

Essa reação indicará graus de verdade, falsidade e mentira que se manifestam em um espectro entre "sonhos-a-dois" e "não-sonhos-a-dois" (Cassorla, 2016b).

A analista sonha que seu filho pequeno se soltou de sua mão e se perdeu na multidão. Acorda desesperada e a cena do pesadelo se conecta à constatação de que abandonou seu paciente, no dia anterior, indo embora justamente no horário em que a sessão iria iniciar (20:30). A analista percebe que se equivocara, certa que a sessão seria às 20:00. Esperou por meia hora e, muito cansada, optou por ir para sua casa (Yardino, 2008; Cassorla, 2012). Impossível conhecer toda a complexidade do sonho, mas ele fez a analista entrar em contato com as mentiras (o suposto atraso do paciente) que haviam substituído a verdade (ela havia abandonado o paciente). Abre-se o campo para investigar os fatores que conduziram a essa transformação. Descobre-se que estava ocorrendo um *enactment* agudo desfazendo um *enactment* crônico (Cassorla, 2005b; 2008a; 2016b).

A situação descrita fora antecipada por um conluio dual inconsciente em que ambos acreditavam que estavam transformando fatos indigestos em sonhos, ampliando a rede simbólica do pensamento. Ainda que isso ocorresse em determinadas áreas, a analista não se dava conta, de forma suficiente, de seu recrutamento por aspectos sádicos (*enactment* crônico). Estamos no que se tem chamado de "falsos sonhos", conluios de idealização mútua ou sadomasoquistas que bloqueiam catástrofes potenciais (Cassorla, 2001). O analista sabe que os sonhos que ocorrem no campo analítico tanto estão em busca da verdade como fugindo dela. Sonhos também podem ser mentirosos como já mostrava Freud (1920/2011), descrevendo uma paciente que sonhava o que imaginava que Freud desejava ouvir.

Um paciente obsessivo que, durante anos a fio, chegava exatamente 5 minutos antes de iniciar a sessão, está bastante atrasado. Desculpa-se com uma mentira sobre o trânsito. Em determinado momento, escapa a verdade – ele estava comemorando com amigos e se esqueceu da sessão. O analista se sente satisfeito por descobrir que o paciente, agora, tem amigos. Entre eles, a possibilidade de mentir. Percebe, também, que o paciente espera que o analista o condene pela mentira, o que, evidentemente, ele não faz. Abre-se a possibilidade de ampliar a rede simbólica do pensamento para além de rígidas exigências e formas de controle. Verdades inexoráveis revelam funcionamento psicótico em que se perdeu a flexibilidade necessária para sonhar e pensar.

Outro paciente se sente uma fraude. A despeito do suposto desenvolvimento social e familiar, está todo o tempo preocupado em ser descoberto. Não sabe exatamente o que se descobriria, mas tem a impressão que tudo o que conseguiu na vida foi fraudulento. Durante o processo analítico percebe que, na infância, mentia para não permitir que objetos vivenciados como intrusivos o subjugassem. Vingava-se de seus pais violentadores roubando dinheiro deles, mentindo quando não ia à escola, enganando-os sobre seus fracassos e conquistas. Os pais acreditavam nele e esse tipo de comportamento persistiu até a juventude, quando saiu de casa e iniciou uma "outra vida" em que desejava nunca mais mentir. Os resíduos das experiências anteriores, porém, continuaram. O processo analítico se tornou mais potente quando se aceitou que a fraude não era fraude – era uma verdade... E essa verdade escondia outra fraude que escondia outra verdade e assim por diante...

A anorexia nervosa constitui um campo precioso para observar a guerra entre o desejo de viver e o desejo de morrer. Como em toda guerra, a primeira vítima é a verdade. O distúrbio de percepção faz com que a paciente se sinta linda, enquanto, na realidade, seu corpo está esquelético. Mente em relação à alimentação e, muitas vezes, é necessário que o analista "faça de conta" que acreditou – minta para si mesmo – evitando cair em uma armadilha sobre certo e errado. Uma paciente me conta, anos após, que ignorava minhas interpretações porque eu seria gordo (um erro de percepção dela ou meu...) e não compreenderia uma pessoa que desejava ser magra. Isso era tanto falso como verdadeiro.

Minha experiência também me fez constatar que muitos pacientes se confundem em relação a contar a verdade ou transformá-las em mentiras em função de vivências contraditórias e confusionais com seus objetos primários. Uma "mãe" internalizada que aparentemente protege a filha de situações traumáticas mas, ao mesmo tempo, a coloca em risco; que ora sente sua filha bonita e inteligente e, em seguida, a ataca invejosamente; que lhe diz que a ama mas a despreza etc., impele a criança a criar defesas em que idealiza falsa proteção e projeta aquela parte da mente identificada com a confusão e a mentira.

No entanto, essa idealização está sempre ameaçada e o paciente oscila entre uma falsa segurança e um terror confusionante. As situações estudadas revelam que as tramas manifestadas no campo analítico incluem traumas primitivos e defesas contra esses mesmos traumas. As áreas simbólicas que trabalham o conteúdo das mentiras envolvem traumas de áreas não simbolizadas que se manifestam por meio de afetos, atos, descargas e comportamentos.

Mais importante que o conteúdo das mentiras são as funções que exercem na relação com o outro. Nessas situações, revelam-se aspectos caracterológicos não simbolizados.

As situações nos conduzem a considerar um superego cruel, algo que – para Bion (1970/1973; 1992/1996) – não tem as características de um superego. Fruto de ódio e inveja, ataca a capacidade de pensar destruindo os significados. A análise é desnudada de suas funções – a busca da verdade – e é transformada em seu oposto. Há, porém, outra característica desse objeto cruel: o julgamento moral, isto é, a realidade é condenada e considerada errada. A mentira é o certo e ela é superior à verdade. Tudo aquilo que ameaça a mentira será condenado moralmente, atacado, deformado e evacuado. O vínculo emocional é -K e sua busca compulsiva mostra como a verdade (K) é vivenciada em forma traumática.

Bion também especula sobre terríveis sentimentos de culpa de alguns pacientes que não se beneficiam da análise. Tratar-se-ia de uma consciência moral primitiva (Braga, 2020) cuja correspondência mítica seria o pecado original.

Se os vínculos com a verdade são atacados e parte da personalidade é evacuada, o paciente se sentirá ameaçado por objetos bizarros que orbitam em seu torno. Eles podem ser expelidos violentamente, a grandes distâncias alucinadas. Como vimos, o paciente está fanaticamente convencido de que suas transformações da realidade são superiores àquela que a psicanálise lhe mostra. Por vezes o paciente, arrogantemente, ensina ao analista como ele deve trabalhar e interpretar (Cassorla, 2019b), conforme visto no Capítulo 3. O analista corre o risco de deixar-se recrutar pelas transformações do paciente abandonando o vértice analítico.

A substituição do espectro verdade ↔ não verdade pelo certo ↔ errado se torna evidente quando se está na cesura catastrófica entre as posições esquizoparanoide e depressiva. Quando o processo analítico conduz à discriminação *self*/objeto, o paciente se sente injustiçado e culpa o analista. Se a realidade for vivenciada como insuportável, o paciente busca retornar à fusão esquizoparanoide que será a "certa", opondo-se ao analista "errado" que – por impedir a fusão – o frustra. A realidade triangular está "errada" e a relação narcísica está "certa" (Cassorla, 2005b; 2018c).

O superego descrito pode fazer parte de um conglomerado defensivo que inclui as organizações patológicas (Steiner, 1993). Elas se assemelham a organizações mafiosas (Rosenfeld, 1987) em que uma obediência cega é condição para que a organização proteja o *self* de mudanças catastróficas, envolvendo tanto ansiedades persecutórias como depressivas.

Narciso, no mito, ataca a percepção do objeto mantendo-se na posição narcísica. No entanto, a visão de Eco o leva a um vislumbre da triangularidade. Afasta-se horrorizado afirmando que "prefere morrer que ceder a seu amor". Narciso é verdadeiro (não suporta a triangularidade) e é mentiroso (porque não tem amor para ceder). Adiante, Narciso se afogará ao tentar abraçar sua própria figura, um erro de percepção (falsidade) ou um desejo de continuar apaixonado por si mesmo (verdade). A concomitância das duas possibilidades faz com que morra, mas sua vida continua no Hades.

Bion (1958/1988; 1970/1973) retoma o mito de Édipo e propõe que a arrogância o impila a buscar a verdade a qualquer preço. Ele nos alerta para que o analista investigue fatores envolvidos nessa busca, como sadismo, inveja, ressentimento. No meio social, a busca pode terminar em inquisições que transformam mentiras em "verdades" convenientes para o inquisidor ou ditador. Inquisições e guerras sempre usam a busca pela verdade como motivações. Os morticínios resultantes são verdadeiros.

Bion (1992/1996) nos lembra da necessidade de ter compaixão quando se busca a verdade. Verdade sem amor é crueldade.

O psicanalista conhece situações em que não é difícil descobrir a verdade por trás da mentira manifesta. Freud (1927/1976a) mostra que a frase "não é minha mãe", no relato de um sonho, indica justamente o contrário. Quando a negação é acompanhada por triunfo e desprezo, estamos diante das defesas maníacas (Klein, 1935/2017). A mentira da onipotência evidencia a verdade do desamparo. Freud (1927/1976b), em seu estudo sobre fetichismo, mostra a cisão do ego, em que uma parte nega a percepção da castração enquanto outra a aceita. O fetiche é uma transformação alucinada de percepções que ocorreram antes ou depois da percepção de um fato traumático – no caso, ausência de pênis. Trata-se de pés, pelos púbicos, vestes íntimas, que são deslocados também para outros objetos. Estamos diante da concomitância da verdade (castração) e da mentira (fetiche). Mas será o fetiche uma mentira – ou é apenas outra verdade: que existem fetiches para onde podemos deslocar a excitação sexual? A excitação sexual é verdadeira.

O apaixonamento sexual também envolve uma deturpação da realidade, necessária para que seres humanos se reproduzam e constituam famílias. A sentença é falsa, mentirosa e verdadeira, ao mesmo tempo.

Verdade e beleza

A religião promete uma vida em outro mundo e não se sabe se estamos diante de verdades, falsidades e mentiras. Criamos mitos para dar sentido ao não saber. Pode-se considerar a crença no paraíso similar à criação de um fetiche em que o bebê se "lembra" da vida intrauterina ou da primeira mamada, fatos anteriores e posteriores ao contato com o inferno – quando sofreu terrores sem nome durante o processo de expulsão do paraíso/útero (Cassorla, 2021c).

O mesmo ocorre com grupos sociais em que seus mitos de origem revelam fatos heroicos que, compartilhados, criam sua subjetividade grupal. Estamos sempre em busca de um objeto perdido idealizado. Essa busca abre espaço para líderes "donos da verdade", que nos salvarão do sofrimento evitável e inevitável. Estamos em área de negacionismo e fanatismo (Cassorla, 2020; 2023b).

A palavra mito também significa mentira. Psicanalistas a usam como construções imaginárias – incluindo preconcepções – que nos fazem dar sentido ao que não sabemos. Criamos mitos sobre nossas origens, nossas famílias, nosso papel no mundo, sobre o que ocorre após a morte. São mentiras nas quais acreditamos, acreditamos em parte e não acreditamos, tudo isso ao mesmo tempo, dependendo de cada um e do momento de nossas vidas.

O psicanalista pode identificar os mitos pessoais de seu paciente e utilizá-los para ampliar a capacidade de pensar, sem se preocupar em denunciar mentiras ou verdades, o que faria parte do superego moralista certo/errado. O mesmo deve ocorrer com os mitos familiares, grupais e aqueles que fazem parte da humanidade. Bion (1970/1973) propõe os mitos da torre de Babel, Édipo, o cemitério de Ur e a morte de Palinuro como modelos descritivos de configurações que ocorrem no campo analítico. Cada dupla analítica cria mitos sobre sua experiência.

Os mitos, juntamente com as obras de ficção, fazem parte do grupo de mentiras criativas e elegantes. Literatura, teatro, cinema e artes afins oferecem ao leitor/espectador mentiras que ele, o espectador, sabe que são mentiras e por isso recebem o nome de ficções. As mentiras ficcionais devem ter características tais que poderiam ser "verdadeiras". Biografias, relatos "baseados na realidade" e ficções envolvendo personagens inexistentes (deuses, magos, super-heróis, seres extraterrestres) se aproximam das mentiras/verdades que se manifestam, em nossas mentes, como fantasias, sonhos diurnos, sonhos noturnos e transformações alucinatórias.

Voltando à frase de Bion (1970/1973) ao referir-se aos mentirosos: "Devotaram a vida – eles e seus seguidores – à elaboração de sistemas de grande complexidade e beleza em que a estrutura lógica era preservada pelo exercício de um poderoso intelecto e impecável raciocínio" (p. 111). Essa sentença se opõe à conhecida premissa de que a verdade se manifesta por meio do belo. Trata-se da utilização da estética como fator de validação (Cassorla, 2022b). Isso ocorre, no campo analítico, pelo menos em duas situações: 1. Quando o analista se dá conta do fato selecionado, isto é, quando consegue harmonizar as variadas e confusas percepções e sentimentos. 2. Quando verifica que seu trabalho estimula um sonhar-a-dois, isto é, quando a rede simbólica do pensamento se amplia a partir do trabalho analítico. Ou, seguindo Bion (1970/1973), quando após um período de paciência necessária (PS) o analista se sente seguro (D) que os fatos adquiriram sentido.

Também faz parte dessa situação o sentimento de convicção que o paciente mostra diante de uma construção hipotética do analista (Freud, 1937/1976), que inclui os sentimentos manifestados no "aqui e agora".

Por outro lado, existem situações "feias" ou estranhas, nada harmônicas, que Freud (1919/1986) descreve como *Unheiimlich* (estranhas ou inquietantes) em que a verdade está se revelando justamente por mobilizar o desprazer no analista. Essa estranheza se torna bela, retroativamente, quando ocorre simbolização (Cassorla, 2020).

Finalmente, como Bion mostrou na sentença já citada, existem sistemas mentirosos esteticamente belos. Os algoritmos levam à crença de que pensamos com a própria mente – uma mentira – utilizando instrumentos convincentes (Zuboff, 2019). É possível se emocionar com uma pregação inteligente de um ideólogo extremista, de um religioso fanático ou quando se assiste um espetacular desfile militar... que pode convencer-nos da justeza de uma guerra.

Tive a sorte de ter contato com Bion durante sua estada em Los Angeles. Em todas as vezes que nos encontramos, chamou-me a atenção sua obsessão em buscar as formas como a verdade era deturpada.

A frase anterior é mentirosa. Nunca estive pessoalmente com Bion. Mentir é muito fácil e acreditar na mentira também. A propaganda enganosa é construída de forma a penetrar a vítima sem que ela se dê conta. Ter conhecido Bion poderia ser uma alucinação/fantasia coerente com meu desejo, como ocorre nas mentiras de crianças. O autor não saberá se o leitor tomou o experimento como um estímulo para sonhar ou como uma descarga desagradável. Terá que conviver com seu não saber. Isso é verdade...

Evidentemente não existe qualquer propaganda – verdadeira ou mentirosa – que não vise beneficiar alguém. A vítima pode "fingir" que não percebe essa intenção para "não perder a oportunidade" de ter vantagens verdadeiras, falsas ou mentirosas. Como já visto, estamos em área de *to turn a blind eye*, expressão derivada da conduta de Lord Nelson quando usou seu olho cego para "ver/não ver" por uma luneta. Graças a esse fato, manteve as tropas lutando. Esse mecanismo conduz às meias mentiras e meias verdades de Laio, Jocasta,

Édipo, Tirésias, que sabem e não querem saber a verdade (Steiner, 1985; Cassorla, 1993). A própria origem do termo *to turn a blind eye* pode ser falsa ou verdadeira.

O leitor, que não havia se dado conta da coexistência de verdade, falsidade e mentira e, mais ainda, do espectro que faz parte de cada, pode estar vivendo uma catástrofe psicológica, por ter que abandonar o supostamente sabido por algo desconhecido, confuso e confusionante. Outro leitor, que já desconfiava estar diante de uma complexidade, deve sentir-se mais confortável. Entretanto, deve-se levar em conta que partes da mente podem se comportar como o primeiro leitor e outras como o segundo. Elas se interpenetram e é por isso que devemos desconfiar quando nos sentimos muito confortáveis. Verdade?

12. Manifestações do fanatismo, negacionismo e mentiras: um exercício de psicanálise aplicada

Retomam-se, neste capítulo, conceitos estudados anteriormente, conectando-os com o filme Argentina, 1985 e outras situações sociais, como as vicissitudes do líder religioso João de Deus e os ataques a escolas.

Este capítulo retoma a psicanálise aplicada a situações sociais feitas as ressalvas assinaladas em capítulos anteriores.

Fetichismo e ditaduras: comentários ao filme Argentina, 1985 *(2022)*

No final de 1983, cai a junta militar que governou a Argentina e o presidente Alfonsín surpreendentemente solicita que os militares sejam julgados. Naquele período, o terrorismo de Estado matara aproximadamente 30.000 pessoas, muitas desaparecidas. Todos conhecem as mães da Praça de Maio buscando seus filhos e netos. O filme mostra as vicissitudes desse julgamento, os conflitos dos promotores, as ameaças, a busca de provas e os terríveis depoimentos das testemunhas.

Tive que dar-me o tempo de atenuar as emoções para poder pensar nos aspectos do filme que poderia discutir, a partir da psicanálise. Não foi difícil encontrar temas: violência, tortura, injustiça, desumanização.

A psicanálise tem teorias potentes que ajudariam a identificar e, talvez, compreender alguns fatores. No entanto, não me senti confortável. Qualquer discussão estaria muito aquém dos fatos. Estaria traindo as vítimas. Porque não há palavras que possam representar o impensável.

O filme consegue transmitir parte desse horror. Isso é possível graças à esperança trazida pelos corajosos homens e mulheres que o denunciam, permitindo que ocorra um julgamento justo. A ausência dessa esperança impediria a própria narrativa. Vale lembrar as terríveis palavras de Theodor Adorno "depois de Auschwitz a poesia não é mais possível". E, alertando que: "A sensibilidade deve rebelar-se contra a extração de um sentido, por mais abstrato que seja, daquele trágico destino".

A falta de sentido não deve nos paralisar. Pelo contrário – nos obriga a denunciá-lo. Pensadores e artistas, enquanto o fazem, sentem-se obrigados a dar representação – de alguma forma – à falta de sentido. O mesmo faz o psicanalista, mesmo sabendo que suas parcas aproximações estarão sempre aquém dos fatos. Essa ânsia de representação está além de um ser individual – é preciso uma infinidade de mentes. Por isso, desde sempre, pensa-se, escreve-se, faz-se arte, mais ainda após o Holocausto. Há que saber o que ocorreu para que não ocorra de novo. "Nunca mais" é a expressão usada pelos judeus, pelos argentinos, pelos brasileiros, pelos alemães, pelos portugueses, pelos espanhóis e por todos os povos (e grupos, e famílias e indivíduos) que foram aterrorizados e destituídos de sua humanidade. Essa destituição fez com que fossem tratados como coisas, descartáveis, resíduos a serem eliminados como lixo. Entretanto, os criminosos podem ser descobertos e o suposto lixo terá que ser escondido. Em valas comuns, em enterros clandestinos, jogando os corpos ao mar, eliminando sua história.

O filme mostra o sadismo – o torturador que goza com o sofrimento, não para obter informações, mas pelo prazer de humilhar. Lembro-me das fotos dos soldados americanos em Abu Ghraib. Da soldada arrastando um islâmico por uma corda. Impactou-me mais por se tratar de uma mulher, aquela que dá e cuida da vida. O ódio mortífero não tem preferência por sexo, povo, religião, ideologia, raça e, muitas vezes, esse ódio se nutre justamente das diferenças fanáticas. "Minha" religião, "minha" raça, "minha" ideologia são as únicas verdadeiras. Os "equivocados" têm que ser convertidos; caso não cedam, devem ser torturados e, em última instância, aniquilados. Antes que, projetivamente, nos destruam.

Impor-se-ia outro tema: as consequências traumáticas nas gerações subsequentes, mais ainda naquelas crianças que tiveram seus pais torturados, mortos e desaparecidos, muitas vezes sendo adotadas por outras famílias enquanto sua origem era apagada.

Continuo com a impressão de que minhas palavras são pobres perto da realidade. O filme é mais capaz de refleti-la. Encontro, porém, um aspecto que é insinuado na tela e que me parece digno de discussão. Trata-se da negação da realidade. O tema se me impôs quando uma amiga, a quem lhe pedi ideias sobre o filme, se desculpou me dizendo que não conseguiria assisti-lo, de novo. Sua reação consciente me levou em direção a outras formas de negação da percepção da realidade, conscientes e inconscientes.

Sabe-se que em Portugal do salazarismo, na Espanha de Franco, no Brasil do governo militar, e em outras situações similares, grande parte da população – por vezes a maioria – apoia os governos. O filme mostra a dificuldade enfrentada pelos promotores ao montarem sua equipe porque os possíveis auxiliares estariam do lado dos militares. Outros recusaram, com medo. A equipe acaba sendo formada por jovens inexperientes – que pouco viveram o regime.

Durante a ditadura argentina os processos criminais eram substituídos por prisões, torturas e desaparecimentos à margem da lei. Se uma pessoa conhecida era presa ou desaparecia, dizia-se que "alguma coisa ela deve ter feito". E não mais se pensava no assunto. A fuga psicótica da realidade defendia a percepção dos fatos traumáticos. Posteriormente, quando as coisas ficavam claras, dizia-se "eu não sabia de nada". Evidentemente muitas pessoas continuaram a pensar que a guerra suja era justa e que havia "exageros" nas denúncias. Isso ocorreu e continua ocorrendo em ditaduras e após sua derrota.

Freud, em seu texto "Fetichismo" (1927/1976b), mostra que a recusa da percepção da realidade (*verleugnung*) é substituída por um fetiche, algo que a criança viu antes ou após a percepção da falta do pênis. Ele lembra das peles como substitutas dos pelos púbicos e dos pés preenchendo a falta. Proponho algo similar diante do trauma do nascimento. O terror de aniquilamento é substituído por um fetiche, que representa o antes (a vida intrauterina) e o depois (a primeira mamada). Esse fetiche – objeto idealizado – é o paraíso, uma espécie de retorno à vida intrauterina. Esse desejo, quando ocorre por meio da busca pela morte, suicídio, vincula-se teoricamente à pulsão de morte – o nada.

Nos regimes ditatoriais, o fetiche se manifesta nas fantasias – propagandeadas pelo sistema – de que o governante levará a população ao paraíso. Ele irá salvá-las de situações terríveis atribuídas a certos grupos – os "subversivos", os "comunistas", os "imperialistas", os judeus, os imigrantes etc. Derrotados os inimigos, o estado de bem-aventurança retornará. Nesse paraíso, não haverá violência, as famílias serão felizes, Deus estará acima de tudo (ou ele não será necessário, substituído pelo ditador), os conflitos não existirão e não haverá fome ou necessidades insatisfeitas. O céu na terra.

Quando é impossível recusar toda a percepção do horror, criam-se justificativas delirantes. Tudo é mentira ou "algo eles fizeram". Enquanto isso, a vida continua. Na Argentina, durante a guerra suja, teatros e cinemas estavam cheios, as atividades continuavam como se nada estivesse ocorrendo. A Copa do Mundo fez o povo vibrar. O ditador Videla foi ovacionado quando a Argentina se tornou campeã. Quando a Junta Militar, já decadente, tentou salvar-se criando uma guerra com a Inglaterra pelas ilhas Malvinas, muitos jovens se alistaram, patrioticamente, para lutar contra o "imperialismo" britânico. As classes dominantes continuavam em busca de vantagens. A classe média, como costuma ocorrer, não queria perder seus poucos privilégios. A recusa de percepção da realidade e a racionalização são mais nítidas nessas classes. Nos estratos sociais inferiores, mal se sabe o que ocorre, as pessoas estão preocupadas em sobreviver. E, por isso mesmo, são facilmente manipuláveis por líderes populistas que prometem o paraíso. Inclusive por meio de redes sociais e informações mentirosas.

O leitor me desculpará pela digressão sociopolítica. Ela demanda profissionais mais preparados e estudo transdisciplinar. O psicanalista deve ousar, mas ciente dos perigos do reducionismo.

O filme mobilizará o leitor. Ele se verá desafiado a transformar a indignação em pensamento criativo, para além da resposta violenta. Não se pode combater a desumanização com mais desumanização. As vítimas e a sociedade precisam, desesperadamente, ser ouvidas. O testemunho e a busca por reparação é uma necessidade vital. Caso contrário, os lutos continuarão não elaborados e os traumas não deixarão de assombrar. Os grupos e sociedades que escondem seu passado traumático devem ser estimulados a torná-lo transparente. Se não lembramos, sequer podemos perdoar-nos por não sermos deuses...

João de Deus ou Deus-João

João de Deus era um médium famoso consultado por milhares de pessoas, incluindo artistas e políticos que faziam propaganda de sua mediunidade curativa. Acusado de abuso sexual, com mais de trezentas denúncias, foi condenado em 2019. As denúncias tomaram de surpresa a imensa quantidade de pessoas adeptas do líder idealizado.

A adoração do *phallus* (pênis ereto) percorre toda a história de humanidade e pode ser encontrada nas mitologias. Trata-se de uma equação simbólica com o Sol, que por sua visibilidade foi, provavelmente, um dos primeiros deuses. O Sol dá a luz e a vida. Intuitivamente, sabia-se que fertilizava a terra de onde vinha a alimentação. A adoração ao *phallus* deve ter ocorrido ao mesmo tempo. A fertilidade, a vida, dependem dele. O sêmen é a semente. A mulher é a terra, o receptáculo do sêmen. Imagino que, aos poucos, a mulher passa a ter importância por estimular a ereção, mas essa importância é denegada. Em algum momento, surgem as deusas do amor e a prostituição sagrada. A questão da fertilidade está sempre presente.

Adorar é prostrar-se, curvar-se em direção à terra. Quem adora reconhece o objeto de adoração como seu senhor, será seu servo e o obedecerá. Para nós, psicanalistas, adoração é uma submissão total ao objeto idealizado. O sol, o *phallus*, o sacerdote, representante de Deus. A adoração é a mesma de um bebê diante de sua bela e fascinante mãe, de quem ele depende. É a adoração do casal parental, agente da fertilidade, de quem se nasceu. A perplexidade perante os mistérios do que ocorre "no quarto dos pais" estimula tanto idealização como perseguição. A adoração implica não apenas submissão total, mas há que louvar, pedir, implorar por benesses e perdão pelos pecados (todos somos pecadores, pois temos ciúmes pela exclusão e inveja pela capacidade de dar luz). Haverá que fazer sacrifícios (Isaac dá o próprio filho), fazer jejum, sofrer, morrer por Deus (para encontrá-lo no "outro mundo").

É fácil projetar esse Deus nos poderosos. Executivos e executivas que seduzem seus subalternos, governantes e ditadores (Kadafi, o ditador da Líbia, tinha uma guarda pessoal constituída somente por mulheres, que o serviam sexualmente). Psicanalistas conhecem bem o poder da transferência erótica e da transferência erotizada. Todo homem (e mulher) poderosos são vistos como sedutores irresistíveis, principalmente por pessoas carentes, com vazios internos, que precisam desesperadamente de deuses que os valorizem e os protejam. O fanático se entrega ao fanatizador pelo qual se apaixona, em forma sexualmente sutil ou manifesta. A submissão é total. Quem se lembra do filme *Pasqualino Sete Belezas*, em que o prisioneiro, cadavérico, mantinha relações sexuais com sua carcereira, em um campo de concentração? Ou a síndrome de Estocolmo em que o sequestrado ou torturado se apaixona sexualmente por seu torturador?

Portanto, a associação entre sexo, religião e sacerdócio sempre existiu. Seu uso religioso ou mundano depende de vários fatores. As denúncias contra João de Deus vieram em sequência a um movimento mundial (cujo auge é o MeToo) que já havia denunciado vários monges tibetanos budistas, que viviam cercados por jovens mulheres e atraíam pessoas da Europa e EUA. E também aos escândalos sexuais na Igreja Católica. Nada de novo, mas não se podia denunciar, pois a vítima acabaria se transformando em culpada(o). O espaço para a cidadania vem se ampliando, mas é preciso ficar alerta para a retomada mundial do fundamentalismo fanático.

Sabe-se que o poder corrompe. E há quem não perceba a corrupção, hipnotizado pela sedução de um *phallus* idealizado a quem há de, prazerosamente, submeter-se. Não se pode condenar ninguém até que seja considerado culpado. Injustiças ocorrem quando o populacho se excita com a sexualidade alheia. Projetam-se no outro (o mau) aquilo que é recalcado ou cindido. Em situações similares à de João de Deus, pouquíssimas pessoas denunciam. Muitas mulheres (e homens) se sentem orgulhosas de serem escolhidos. Durante o sexo, são "purificadas" com o sêmen divino.

"Aterrorizo, logo existo": algumas reflexões sobre os ataques às escolas

No filme autobiográfico *Os Fabelmans*, o diretor Steven Spielberg é um menino transferido para uma nova escola. Enquanto busca se enturmar, encontra colegas valentões que o atacam por ser judeu. Tenta resistir, mas é impossível. A situação piora quando uma menina se aproxima dele. Acaba sendo aceito quando os colegas se interessam por sua filmadora. Em certo momento, um dos valentões mostra sua própria fragilidade, mas, envergonhado, proíbe que se comente. Confirma-se que "o terrorista é uma pessoa aterrorizada" – e a psicanálise conhece os mecanismos reativos e projetivos. O valentão somente se sente vivo se provoca terror no outro, o mesmo terror que ele esconde de si mesmo. De nada adiantará mostrar-lhe isso por meio de psicanálise "selvagem", porque seu ódio aumentará.

Diferente de Spielberg, os personagens da série *Thirteen Reasons Why* (Netflix) não suportam o sofrimento pessoal, ampliado pelas relações dentro da escola. Hanna Baker se mata após o vazamento de fotos sexualmente comprometedoras. Armas de fogo e terror de ataques à escola também fazem parte do enredo.

Como se sabe, na escola se aprende a viver em sociedade. É ali que a criança/adolescente experimenta a vida extrafamiliar e onde se lhe deve oferecer figuras de identificação e lugar de pertencimento. Terá que lidar com o outro, o amigo, o adversário e o inimigo potenciais. Descobrirá o companheirismo, a competição, a vulnerabilidade, o ciúme, a inveja, o ódio, a hipocrisia, o sacrifício, a reparação, a solidariedade, a incompreensão, o fanatismo, o respeito, o amor/ódio em todas suas manifestações eróticas e tanáticas. Manifesta-se também a sexualidade, com sua força incontrolável e a necessidade de transformá-la em intimidade amorosa.

Para quem tem certa coesão interna, os desafios são aprendizagens. Quem não a tem viverá as situações em forma traumática, com sofrimentos que podem culminar em atos auto e heterodestrutivos. Para estes, a escola deveria servir como uma espécie de exoesqueleto provisório que contém o desamparo enquanto fornece condições para o desenvolvimento interno por meio do acolhimento, respeito, compaixão e perdão.

Faz parte da adolescência a revivência de relações simbióticas idealizadas que protegem contra os terrores do desprendimento e da alteridade. Quando ela é desfeita bruscamente – por decepções, rejeições, injustiças, reais ou/e imaginárias – o ódio se volta contra si mesmo (mais nas meninas, que tentam suicídio) ou é expelido por atos violentos (mais nos meninos).

A violência dentro das escolas é muito conhecida, entre alunos e também professores e funcionários. Ela reflete o que ocorre ao seu redor. Lembro de uma adolescente que foi atacada por outras três. Tudo indica que o fato de ser negra e se sentir bem com sua beleza, em particular seu cabelo (além de ser uma ótima aluna) estimulou a inveja. Visto que esta se ativa diante do outro quando mostra que está feliz consigo mesmo. Como uma negra ousa estar bem, perante as brancas "superiores"? Pode-se supor que a identificação projetiva das partes más dos invejosos inicialmente não atingira a vítima...

O ressentimento é claro em Anders Breivik, o jovem norueguês que matou 77 pessoas e feriu outras 51, em 2011, caso mencionado no Capítulo 4. Vestido de policial, invadiu uma ilha onde ocorria um encontro de jovens membros de um partido democrata. Suas ideias, de extrema-direita, são similares às que estão em voga em certos grupos: misoginia, racismo, homofobia, xenofobia, nazismo, ode à violência. As redes sociais hipertrofiam os preconceitos. Pleno de certezas arrogantes, aproveitou o julgamento para divulgar suas ideias. Sendo visto, sentia-se vivo, ainda que para tal tivesse que matar e passar o resto da vida preso.

No Brasil, o primeiro episódio registrado de ataque a escolas ocorreu na Bahia, em 2002. Nesses 21 anos, foram identificados 31 ataques em escolas, sendo que 19 ocorreram entre fevereiro de 2022 e 19 de junho de 2023. Foram 32 as vítimas fatais, das quais 26 estudantes (excluindo os 5 suicídios dos autores). Das 32 mortes, 31 foram decorrentes de armas de fogo (15 ataques) e uma por uso de faca. Em 6, a arma estava em casa. Todos os agressores eram brancos. Após os ataques, as ameaças invadem as redes sociais, que se tornam um instrumento de terror, permeado de notícias falsas. Há uma forte associação entre o aumento de ataques e a proporção de armas de fogo circulando na população. Penso que a intimidação – o movimento "escola sem partido", por exemplo, e o fanatismo do "politicamente correto" – tem dificultado que se discutam aspectos sociais e emocionais dentro das instituições.

A psicanálise é muito limitada para abordar um assunto de tal complexidade. Teorias abrangentes não faltam, mas são reducionistas e, comumente, equivocadas. Um estudo hipotético de caso poderá oferecer algumas pistas.

Mário, 14 anos, é acusado injustamente de assédio por uma menina, na escola. A criança/adolescente é rotulada e excluída de grupos, tanto de meninas como de rapazes. Um fator contribuinte decorre do menino ser "feio", com traços indígenas. Isolado, deixa de estudar e, aos poucos, se tranca no quarto e não quer contato sequer com a família. Ideias suicidas se alternam com outras fantasias de vingança. Distrai-se com *games* violentos e em *chats* descobre (ou é cooptado) um grupo de internet no qual mulheres são mostradas como interesseiras, falsas e, em última instância, putas. Esse grupo se conecta a outros e logo Mário se vê dentro de uma rede de extrema-direita. Ali se sente ouvido, pertencente, valorizado. Nesses grupos encontra-se a origem das mazelas do mundo: o empoderamento das mulheres, dos negros, dos grupos LGBTQIAP+, dos indígenas, o "marxismo cultural", a questão das cotas etc. As escolas reproduziriam esse empoderamento e as crianças seriam manipuladas e tornadas "afeminadas". A discussão avança – são muitos grupos – e as ideias se expandem como certezas. A democracia tem que ser extinta e os conflitos devem ser resolvidos por meio da violência. Os grupos se inspiram nos massacres em escola anteriores e os membros usam codinomes de "heróis" que praticaram tais atos e em líderes que pregam o ódio.[1]

Não se discutirá a pós-venção, isto é, o que fazer após os atos violentos.[2] Conhecem-se as consequências traumáticas que poderão continuar por gerações. A psicanálise poderá ajudar os educadores a lidarem com isso e tem-se que prestar atenção a comportamentos onipotentes do psicanalista não familiarizado com as situações, o que pode aumentar o traumatismo. Equipes multiprofissionais podem ajudar a instituição a descobrir formas de lidar com a cultura da violência, a alteridade, o envolvimento comunitário, as redes sociais, a humanização, o fortalecimento das ideias democráticas. É preciso estimular o pensamento crítico e combater o pensamento fanático.

Os trapalhões

Salta à vista a falta de humor no Brasil atual. O humor denuncia, em forma instantânea, as mazelas institucionais. Nas ditaduras – sutis ou manifestas – o humor passa a ser, por vezes, a forma de resistência possível. A população subjugada se sente unida e pensante.

Proponho que a falta de humor assinala a perplexidade diante dos traumas imediatos. Enquanto eles não são defrontados e digeridos, vive-se o *unheimlich*. Estranheza, inquietação, sensação de perigo, paralisia (Freud, 1919/1986).

Os mais velhos se lembram das inúmeras piadas com as quais se consolavam da própria impotência perante governantes donos da verdade. Charles Chaplin imitando Hitler, o *Pasquim* satirizando o

1 A situação foi baseada em caso trazido por Telma Vinha em palestra encontrada no YouTube da Faculdade de Educação da Unicamp: Ataques violentos às escolas no Brasil. Disponível em: https://www.youtube.com/live/vCnlHGRi9XQ. Acesso em: 1 dez. 2024.

2 A pós-venção é abordada em Cassorla, 2021c.

regime militar. O *Charlie Hebdo*, cujas sátiras ficaram conhecidas depois que foi arrasado.

Lembro-me de uma piada: "O ditador (homofóbico, como todo ditador) chega para uma visita aos EUA. Fica impactado com a faixa "Welcome president" e pede, desesperadamente, que prendam (ou encontrem) o "Wel". Logo a piada (contra um ditador de direita) foi também aplicada ao líder cubano. Os preconceitos fanáticos são distribuídos democraticamente nos dois extremos...

Vale lembrar de Freud. Após um interrogatório efetuado pela Gestapo, foi-lhe solicitado que assinasse uma declaração afirmando que fora bem tratado. Ele não só a assinou como reforçou o pedido, escrevendo algo como "Aproveito a ocasião para recomendar fortemente a Gestapo".

O mesmo Freud (1919/1986) conta a piada do corretor de seguros ateu que estava à morte. A família, temente a Deus, estava apavorada com a possibilidade que seu parente morresse sem se confessar. Chama um padre. Este entra no quarto do moribundo enquanto a família espera ansiosamente. Passam-se minutos, horas... Finalmente o religioso sai do quarto, com uma expressão feliz. A família indaga: "Então, padre, deu certo? Ele se converteu?". O padre responde: "Não... mas fiz um ótimo negócio. Comprei fantásticas apólices de seguro para toda minha congregação". Quando dois fanáticos encontram uma brecha para negociar, a esperança renasce...

O fanático não tem humor, não sabe rir. Ele tem um discurso solene, sério, imutável, pleno de supostas verdades (que buscam esconder sua paranoia). Em um grupo, abortará qualquer nova ideia. Se você sorrir durante a pregação fanática, o fanático ficará furioso. Se você achar graça em sua fúria, corre risco de violência. Ou você terá que fazer uma "autocrítica".

O fanático, no fundo, é engraçado para o observador. Sua seriedade e lógica estúpida seria divertida não fosse tão perigosa. No fundo, o fanático intui seu ridículo. Por isso, fica tão bravo, ressentido e odiento.

O fanático mais estúpido faz gargalhar quando vemos as trapalhadas que conduz, metendo os pés pelas mãos, em um enredo tipo *Os Trapalhões* que costuma terminar por destruir o grupo fanático. Vivenciamos a esperança de que logo nos livraremos dele. Evidentemente, em sua estupidez, o fanático pode perder a cabeça e vingar-se de forma terrível... Portanto, é preciso levá-lo a sério.

Enquanto isso, temos de suportar "cancelamentos" que ocorrem nas redes sociais quando questionamos algum aspecto com humor. Parece que o questionamento é menos importante do que perceber o ridículo das situações. De qualquer forma, a ameaça de cancelamento indica, sem sombra de dúvida, que estamos em um grupo do qual o melhor é sair dele. Essa revelação se manifesta como um sentimento agradável de liberação, de liberdade para sonhar e pensar.

13. Fanatismo e plenitude: pequenas estórias

Pequenas estórias mostram que o fanático busca um estado de êxtase, de plenitude, fazendo parte de um mundo idealizado onde nada falta. As estórias especulam sobre Liríope, Deus, paraíso, suicídio, desamparo, Pavlik Morozov, simbiose, adolescência, Narciso, as famosinhas, o complexo de Israel, a noite de S. Bartolomeu.

Descrevo neste capítulo fatores vinculados ao comportamento fanático por meio de pequenas ficções, transformações de fatos que podem ou não ser considerados reais, como mitos e sociedades perfeitas. Incluem notícias, filmes e ficções psicanalíticas, supostamente científicas.

Liríope

Deixando-se abraçar pelo rio Céfiso, a ninfa Liríope sentia-se plena de mundo. Tornara-se a paz, o todo, Deus, infinito. Totalmente preenchida, o precisar – que sentira antes – fora relegado ao olvido.

Por vezes, Céfiso se agitava e Liríope vivia um imenso prazer medroso – ao qual se seguia uma sensação de estar ainda mais plena de mundo (como se isso fosse possível). O tempo se tornava eternidade.

Um dia Liríope percebeu seu corpo se modificando. Desconfiou de algo estranho que Céfiso lhe havia introduzido, em forma subreptícia. Sentiu-se traída. O estranho crescia e a assustava. Desejava que ele – um bebê cujo nome seria Narciso – fosse eliminado. Também queria que

Céfiso não tivesse existido. Não suportava ver outras ninfas banhando-se nele. Quando a dor se tornava insuportável, Liríope queria morrer.

Pouco tempo depois Liríope percebeu – surpresa – que sentia outro tipo de preenchimento. Plena de mundo, ainda mais plena do que sentira com seu amante traidor (como se isso fosse possível). Fusionada ao seu bebê, tornara-se a paz, o todo, Deus, infinito.

Deus

> *No início não havia nada. E este nada não era vazio nem vago: não precisava de nada senão de si mesmo. E Deus viu que isso era bom. Por nada deste mundo ele teria criado o que quer que fosse. O nada não lhe convinha apenas: dava-lhe plenitude. . . .*
>
> *Deus era a absoluta satisfação. Ele nada queria, nada esperava, nada percebia, nada recusava e não se interessava por nada. A vida era de tal modo plenitude que não era a vida. Deus não vivia, ele existia. . . .*
>
> *Era como se ele tivesse existido desde sempre.*
>
> *Deus não tinha linguagem e portanto não tinha pensamento. Era saciedade e eternidade. E tudo isso provava da forma mais categórica que Deus era Deus. E esta evidência não tinha importância alguma, pois Deus não dava absolutamente a mínima para o fato de ser Deus. (Nothomb, 2003, pp. 5-6)*

Samira

Samira não tinha qualquer dúvida. Fora convencida pelos argumentos do grupo da internet. Sim, existia um mundo perfeito em que a fidelidade a Alá (louvado seja) conduzia a uma vida plena. Viveria em uma sociedade sem drogas, corrupção, pornografia. Não mais sofreria *bullying* nem seria ridicularizada por manter-se casta.

Após uma longa viagem, foi acolhida no Oriente. Todas as mulheres eram irmãs, os homens protetores. Coberto seu rosto, não havia olhares maliciosos. Não existia infidelidade nem impunidade. A justiça era perfeita. Sentia-se preenchida. Estava no paraíso.

No entanto, os infiéis buscavam conspurcar sua pureza. Deviam ser eliminados. Samira tornou-se combatente. As orações, as palavras de ordem, o pertencimento a um grupo coeso, os líderes repercutindo a palavra divina... Sentimento oceânico – plenitude.

Samira se tornou mulher-bomba. Explodiu, eliminando dezenas de infiéis, sentindo-se eterna. No paraíso se fundiria a Alá (e à sua querida avó, a única que a cuidara quando bebê).

Nada

É impossível imaginar o nada. O objeto idealizado o preenche. As diferentes religiões prometem a vida pós-morte, o paraíso, consolando pelos sofrimentos neste "vale das lágrimas".

Religião, etimologicamente *religação*, remete a pulsões libidinais que ligam e religam. O *desliga* se refere a pulsões tanáticas. O objeto idealizado é fraudulento. Aparenta ligar, mas na verdade ataca a percepção da realidade e a substitui por uma fachada mentirosa. Um campo de concentração pode ser transformado em um parque de diversões, como no filme *A vida é bela* (Benigni, 1997).

Os mártires da Igreja viveram estados de beatitude durante as penas que antecipavam sua morte. O sofrimento envolve purificação. Iriam para o céu, assim como os cruzados que tentavam expulsar os muçulmanos da Terra Santa. A busca do objeto idealizado é acompanhada de ódio e vingança.

Suicídio

O suicida não quer morrer. Ele quer escapar de um sofrimento insuportável e/ou tornar-se herói no paraíso. Morte/nada, não representável, é inicialmente equacionada ao terror do aniquilamento. A recusa (Freud, 1927/1976a) da tomada de consciência do complexo terror/nada cria um fetiche. A percepção do nada terrífico é substituída pelo paraíso equacionado a experiências imediatamente anteriores (vida intrauterina) ou posteriores (primeiras mamadas). Esse fetiche será apropriado pela cultura, nas crenças, ideologias, religiões e outros fatos. O contato permanente com a realidade da morte, sem fetiches, deixaria a vida insuportável (Cassorla, 2010).

Quando existe oscilação entre objeto idealizado (Paraíso) e objeto persecutório (Inferno), um ecoa dentro do outro. O trabalho analítico descobre o objeto bom, que não é divino nem diabólico. Pode-se viver na Terra mesmo com as assombrações infernais e celestiais (Cassorla, 2019a).

Desamparo

O astronauta sai da nave para explorar o espaço. Permanece preso a ela por um cordão. O cordão se rompe. Flutua no espaço sideral sem comunicação com a nave. Está desorientado e é incapaz de qualquer ação. Sua impotência se transforma em desespero. Terrores de aniquilamento (de tornar-se nada) antecipam a destruição de si-mesmo. Se pudesse se matar, a tortura desapareceria.

Grupos humanos, para escapar da vivência de não existir, criam um mundo no qual tudo se sabe e se controla. Sentem-se superiores (os fiéis, os puros, os que têm a verdade). Os "outros" são inimigos (os infiéis, hereges, judeus, negros, homossexuais e outros grupos demonizados culturalmente). Cisões e projeções são mais intensas quando existe ameaça de desagregação social. Líderes idealizados prometem a volta à nave (mãe), o Paraíso.

Pavlik Morozov

Pavlik denunciou seu pai e seu tio por desviarem colheitas do Estado em benefício próprio. Traíam Stalin e o comunismo, contrariando a igualdade e a solidariedade entre os homens, duramente conquistadas. Pavlik sentiu-se no paraíso durante as homenagens prestadas pelo Partido e pelos Pioneiros Soviéticos.

Pavlik foi assassinado. Postumamente foi considerado herói da União Soviética, o mais jovem – com 13 anos de idade. Foi cultuado pelo regime. Textos propagandísticos, canções, peças de teatro, uma ópera completa, influenciaram toda uma geração de crianças encorajadas a denunciar seus pais caso contrariassem as regras do regime comunista. Crianças convencidas que viviam no paraíso.

(Tempos depois verificou-se que muitas informações eram falsas. Em toda guerra, a primeira vítima é a verdade) (Cassorla, 1998a).

Simbiose

Durante toda a vida, Maria sentira um vazio que a fazia duvidar se estava viva. Durante toda a vida, João sentia um vazio tal que pensava em morrer.

Maria e João quase se sentiam existentes quando eram olhados por alguém. Procuravam desesperadamente esse olhar, mas ele nunca era suficiente.

Maria e João se encontraram, se olharam e surpreendentemente imaginaram que poderiam ser preenchidos. Supuseram que isso era amor. Casaram-se.

O tempo passa. Maria percebe que João olhava para seu trabalho, sua mãe, outras mulheres. Sente falta de seu olhar. Retorna o vazio, a não existência. O ódio ciumento eventualmente a fazia sentir-se viva.

João percebe que o olhar amoroso de Maria se havia transformado. Sente-se vazio. Maria se arruma para sair com sua mãe, com suas amigas, não mais com ele.

João e Maria, infelizes, brigam, ressentem-se da ausência de olhares.

Um dia, Maria chega tarde. João suspeita que está sendo traído. Agridem-se fisicamente. Maria bate a cabeça e fica desacordada. João imagina que a matou. Busca sua arma e se mata. Maria sobrevive. Um mês depois se suicida.

Ambos estão no outro mundo, no paraíso. Ali encontram Romeu e Julieta e outros casais enamorados que não notaram que o outro é outro e não um prolongamento narcísico de si mesmos (Cassorla, 2021b).

Narciso

Um dia, o estranho resolveu sair de dentro de Liríope. Esta apavorou-se. Perderia a plenitude. Não conseguiu segurá-lo. Viu-se diante de Narciso, o bebê mais lindo do mundo. Embevecida, investiu seu olhar – e tudo o mais – em seu bebê. Narciso se manteve como um prolongamento de si mesma. Fusionados, eram um. O todo, o infinito.

Liríope tinha pesadelos em que Céfiso e as outras ninfas lhe roubavam o bebê maravilhoso. Sabia que lhes provocava inveja. Consultou Tirésias, o adivinho cego. Este a alertou que Narciso morreria caso se visse.

Liríope tranquilizou-se, pois Narciso só via ela. E ela se via em Narciso. Eram um, pleno(a) de mundo, fusão-completude. Liríope não queria perder esse estado e, espertamente, transformou o vaticínio da forma que lhe era conveniente. Se Narciso se visse – tendo mente própria – morreria o um, desprendendo-se de sua mãe.

Adolescência

Liríope está assustada. Narciso é adolescente. Teme uma traição, mesmo sabendo que o jovem não seria capaz de ver ninguém a não ser ela mesma. As decepções anteriores não haviam sido esquecidas.

Um dia, Narciso anda pela floresta e ouve um ruído. Era Eco, uma ninfa condenada a repetir as últimas palavras que ouvia. Eco se apaixona pela beleza de Narciso e o observa escondida. Narciso pergunta "quem está aí?". Eco responde "está aí". O monólogo continua e, em determinado momento, Narciso vê Eco. Foge apavorado dizendo que preferiria morrer que ceder ao seu amor.

Ainda que Narciso se visse em Eco e esta se visse em Narciso, a surpresa fez com que ambos tivessem um lampejo de discriminação do outro, separados. As pulsões sexuais estavam ativadas. A percepção não é suportada porque Narciso não tem mente suficiente para viver na realidade triangular. A dor do trauma o faz fugir.

Narciso, sem perceber, busca proteção em algo similar ao seio/útero materno. Diante de uma lagoa, se apaixona por um lindo rapaz – sua imagem – abraçado pelas águas (como ocorrera com o casal parental). Tentando alcançá-lo, narcotizado, deixa-se morrer. Está no paraíso, completude...

As famosinhas

Existe um concurso de beleza na periferia de algumas cidades, *as famosinhas*, em que meninas de 12 a 14 anos se exibem a membros de um bando criminoso. A escolhida recebe roupas, joias, perfumes e se tornará a amante preferida do líder. O concurso é acirrado e as meninas lutam, de todas as formas, para serem as escolhidas e entrarem no paraíso.

Esses mesmos bandos atraem meninos desamparados que mal se sentem existentes. No bando (como em uma seita religiosa, ou um grupo ideológico), passam a ser vistos e valorizados. As regras são claras e a hierarquia é sentida como protetora. Como nas organizações mafiosas que cuidam de seus membros e famílias mesmo após a morte. O líder é idolatrado, um Deus protetor e assustador. Alguém que os faz sentir existentes. Por ele se pode matar os inimigos. Para que continuemos sendo tudo.

O Complexo de Israel

Os narcopentecostais controlam comunidades carentes no Rio de Janeiro e em outras cidades. O Complexo de Israel e a Tropa de Arão unem várias favelas. Os líderes, pastores evangélicos, ditam regras que protegem a sociedade. A violência, o estupro, os funkeiros, a prostituição, a pornografia, os roubos, as drogas são proibidos e os transgressores, punidos. A população se sente segura.

Membros da comunidade são cooptados para o tráfico de drogas e outros atos criminosos. A clivagem entre os aspectos evangélicos moralistas e os aspectos criminosos é justificado com a frase: "O que importa não é de onde conseguimos o dinheiro, mas que ele seja utilizado para disseminar a palavra de Deus". Estamos no paraíso.

Noite de São Bartolomeu

Entre 2 e 70 mil huguenotes foram mortos por turbas católicas em 24 de agosto de 1572 e dias subsequentes em Paris e outras cidades francesas. Mentiras atiçaram os terroristas.

> *As ruas estavam cobertas de corpos mortos, os rios ficaram manchados . . . Carroças carregadas de cadáveres, homens, mulheres, garotas e até mesmo crianças eram jogadas no Sena, enquanto torrentes de sangue corriam em muitas áreas da cidade . . . Uma menininha foi banhada no sangue de seus pais assassinados e ameaçada com o mesmo destino caso viesse um dia tornar-se huguenote. (Veiga, 2022)*

O Holocausto que retomou os pogroms em escala industrial se assemelha à essa descrição, assim como tantos outros massacres atuais. No entanto, os modos de eliminar populações inteiras vêm se sofisticando a partir do nazismo e do stalinismo.

Os católicos terroristas, assim como os terroristas de qualquer religião ou ideologia, apenas desejam eliminar seus inimigos, que atacam invejosamente suas ideias. E essas ideias apenas visam transformar a Terra em um paraíso, que segue as normas do grupo terrorista.

Maldade e gratidão

Nunca poupe uma pessoa má taxando-a de louca. Ela ficará extremamente ofendida. E será uma grande injustiça com os loucos, bons e generosos, também para que não se os confundam com os malvados. Por outro lado, quando assinalamos a maldade do mau, mesmo que ele proteste, intimamente se regozija por ter reconhecida essa sua poderosa qualidade. Como ele não tem quase nenhuma outra, paradoxalmente nos será grato.

Referências

Abella, A. (2018). Can psychoanalysis contribute to the understanding fundamentalism? An introduction to a vast question. *International Journal of Psychoanalysis*, 99(3), 642-664.

Arendt, H. (1999). *Eichmann em Jerusalém. Um estudo da banalidade do mal.* Companhia das Letras.

Atwood, M. (2017). *O conto da Aia*. Rocco.

Austin, J. L. (1990). *Quando dizer é fazer*. Artes Médicas.

Bassols, R. (1999). Sobre fanatismo y violencia: ensayo desde una perspectiva psicoanalítica. *Temas de Psicoanálisis,* 4,167-179.

Benigni, R. (1997). *A vida é bela* [Filme]. Melampo Cinematografica.

Bergstein, A. (2020). Violent emotions and the violence of life. *International Journal of Psychoanalysis, 101*(5), 863-878.

Bion, W. R. (1988). O gêmeo imaginário. In W. R. Bion, *Estudos Psicanalíticos Revisados (Second Thoughts).* (pp. 9-25). Imago. (Trabalho original publicado em 1950).

Bion, W. R. (1988). Sobre arrogância. In W. R. Bion, *Estudos Psicanalíticos Revisados (Second Thoughts)* (pp. 81-8). Imago. (Trabalho original publicado em 1958).

Bion, W. R. (1988). Ataques ao elo de ligação. In W. R. Bion, *Estudos Psicanalíticos Revisados (Second Thoughts)* (pp. 87-100). Imago. (Trabalho original publicado em 1959).

Bion, W. R. (2001). *Experiences in Groups*. Routledge. (Trabalho original publicado em 1961).

Bion, W. R. (2021). *Aprender da experiência*. Blucher. (Trabalho original publicado em 1962).

Bion, W. R. (1963). *Elements of Psychoanalysis*. Heinemann.

Bion, W. R. (2004). *Transformação: do aprendizado ao crescimento*. Imago. (Trabalho original publicado em 1965).

Bion, W. R. (1973). *Atenção e interpretação (p. 28)*. Imago. (Trabalho original publicado em 1970).

Bion, W. R. (1996). *Cogitaciones*. Promolibro. (Trabalho original publicado em 1992).

Bollas, C. (1987). *The Shadow of the Object*. Routledge.

Bollas, C (2020). *Civilization and the Discontented [Vídeo]*. YouTube.

Borges J. L. (1954). O impostor inverossímil Tom Castro. In J. L. Borges, *História Universal da Infâmia*. Assiria e Alvim. (pp. 27-36).

Borges, J. L. (1988). Pierre Menard autor de Quixote. In J. L. Borges, *Ficções* (p. 11-19). Globo. (Trabalho original publicado em 1944).

Braga, J. C. (2020). Developments on the concept of the super-ego in Bion's work. *International Journal of Psychoanalysis, 101*, 757-768.

Brandão, J. S. (1992). *Mitologia Grega*. (Vol. 3, 4ª ed). Vozes.

Britton, R. (1998). *Belief and imagination: explorations in psychoanalysis*. Routledge.

Calvino, I. (2005). *O cavaleiro inexistente*. Companhia de Bolso.

Canetti, E. (1983). *Massa e poder*. Editora UNB/Melhoramentos. (Trabalho original publicado em 1960).

Cassorla, R. M. S. (1984). O narcisista, Branca de Neve e o poder em nossa sociedade. *Estudos de Psicologia, 1*, 93-100.

Cassorla, R. M. S. (1986). Reações de aniversário – aspectos teóricos e clínicos. *Jornal de Psicanálise, 19*(38), 25-39.

Cassorla, R. M. S. (1992). A identidade psicológica e a sociedade atual. Uma complicação. *Revista da ABP-APAL, 14*(2): 40-44.

Cassorla, R. M. S. (1993). Complexo de Édipo, vista grossa, curiosidade e catástrofe psicológica. *Revista Brasileira de Psicanálise, 27*, 607-626.

Cassorla, R. M. S. (1995). Comunicação primitiva e contrarreações na situação analítica. *Arquivos de Psiquiatria e Psicoterapia Psicanalítica*. 2, 11-33.

Cassorla, R. M. S. (1998a). Refetindo sobre Pavlik Morozov. In D. L. Levisky (Org.), *Adolescência: os caminhos da violência* (pp. 13-19). Casa do Psicólogo.

Cassorla, R. M. S. (1998b). Suicídio, homicídio precipitado pela vítima e totalitarismo. In Associação Brasileira de Psiquiatria (Org.), *Cidadania e direito à saúde mental* (pp. 1-14). Próxis.

Cassorla, R. M. S. (2001). Acute enactment as resource in disclosing a collusion between the analytical dyad. *International Journal of Psychoanalysis, 82*, 1155-70.

Cassorla, R. M. S. (2005a). Barbárie, terrorismo e psicanálise. *Revista Brasileira de Psicanálise, 39*, 87-90.

Cassorla, R. M. S. (2005b). From bastion to enactment: The "non--dream" in the theatre of analysis. *International Journal of Psychoanalysis*, 86, 699-719.

Cassorla, R. M. S. (2008a). The analyst's implicit alpha-function, trauma and enactment in the analysis of borderline patients. *International Journal of Psychoanalysis, 89*,161-180.

Cassorla, R. M. S. (2008b). Identificação precoce de obstruções do campo analítico: a pessoa real do analista e o efeito Orton. *Congresso Latino-Americano de Psicanálise.*

Cassorla, R. M. S. (2009). A negação e outras defesas frente à morte. In F. S. Santos (Org.), *Cuidados palitativos: discutindo a vida, a morte e o morrer* (pp. 59-76). Atheneu.

Cassorla, R. M. S. (2010). A leste do Éden: loucura, feitiço e suicídio. *Revista Brasileira de Psicanálise, 44*(2), 147-157.

Cassorla, R. M. S. (2012). What happens before and after acute enactment? An exercise in clinical validation and broadening of hypothesis. *International Journal of Psychoanalysis, 93*, 53-89.

Cassorla, R. M. S. (2013). When the analyst becomes stupid. An attempt to understand enactment using Bion's theory of thinking. *Psychoanalytic Quarterly, 82*, 323-360.

Cassorla, R. M. S. (2015a). A análise didática como *enactment* institucional – comentário ao trabalho de Luiz Meyer. *Congresso Brasileiro de Psicanálise.*

Cassorla, R. M. S. (2015b). Em busca da simbolização: o trabalho de sonho do analista. In: H. B. Levine, G. S. Reed, & D. Scarfone (Orgs.), *Estados não representados e a construção de significado* (p. 197-213). Karnac.

Cassorla, R. M. S. (2016b). *O psicanalista, o teatro dos sonhos e a clínica do* enactment. Blucher.

Cassorla, R. M. S. (2018c). *The Psychoanalyst, the Theater of Dreams and the Clinic of Enactment.* Routledge.

Cassorla, R. M. S. (2016c). Stupidity in the analytic field: vicissitudes of the detachment process in adolescence. *International Journal of Psychoanalysis, 98*, 371-391.

Cassorla, R. M. S. (2016a). Dreams and non-dreams: a study on the field of dreaming. In: S. M. Katz, R. M. S. Cassorla, & G. Civitarese (Orgs.), *Advances in Contemporarary Field Theory* (pp. 91-112). Routledge.

Cassorla, R. M. S. (2017d). Por uma formação analítica suficientemente má. In E. Pryzant (Org.). *Construções V. Morte e vida: fronteiras de formação no Brasil.* Associação Brasileira de Candidatos.

Cassorla, R. M. S. (2017b). Jóvenes con intento de suicidio. *Revista Controversias de la Asociación Psicoanalitica de Buenos Aires (online), 21*(121), 21-27.

Cassorla, R. M. S. (2017e). *Suicídio: fatores inconscientes e aspectos socioculturais. Uma introdução.* Blucher.

Cassorla, R. M. S. (2017c). O campo analítico como campo do sonhar: o Lá, o Aí, o Aqui e o Acolá como vértices de observação participante. *Jornal de Psicanálise de São Paulo, 50*, 53-65.

Cassorla, R. M. S. (2017a). Cuando adolescentes no pueden pensar; estudios sobre el campo analitico y la vulnerabilidad social. *Revista de Psicoanalisis de Buenos Aires, 2*(3), 37-48.

Cassorla, R. M. S. (2018b). Breve ensaio sobre a mentira. *Revista Brasileira de Psicanálise,* 52, 81-96.

Cassorla, R. M. S. (2018a). Bion e os Macacos, o Inquietante, a Igreja do "O" e outros rebentos. *Berggasse, 19*(9), 53-65.

Cassorla, R. M. S. (2019b) Fanaticism: reflections based on phenomena in the analytic field. *The International Journal of Psychoanalysis, 100*(6),1338-1357.

Cassorla, R. M. S. (2019a). Em busca do objeto idealizado. *Revista Brasileira de Psicanálise,* 53, 49-65.

Cassorla, R. M. S. (2020). When the analytic field became uncanny. In C. Bronstein, C., & C. Seulin (Eds.), *On Freud's "The Uncanny"*. Routledge.

Cassorla, R. M. S. (2021c). *Estudos sobre suicídio. Psicanálise e saúde mental.* Blucher.

Cassorla, R. M. S. (2021b). Arrancando os olhos. Reflexões sobre negacionismo. *Jornal de Psicanálise, 54*, 35-55.

Cassorla, R. M. S. (2021d). Fanatismo: reflexiones a partir de fenómenos del campo analítico – con adenda sobre negacionismos. In J. R. Saholaver (Org.), *De fanatismos y carismas: encrucijadas psicoanaliticas.* (p. 133-164). APA Editorial.

Cassorla, R. M. S. (2021a). A sedução da morte. Reações de Aniversário, Álvares de Azevedo, Guimarães Rosa e Friedrich Nietzsche. *Ide (São Paulo), 43*, 69-82.

Cassorla, R. M. S. (2021e). Simbiose, adolescência e autodestruição. In R. M. S. Cassorla. *Estudos sobre suicídio: psicanálise e saúde mental* (pp. 85-94). Blucher.

Cassorla, R. M. S. (2023b). Conviction, lies and denialism: psychoanalytic reflections. In: F. Busch. (Org.), *Psychoanalysis at the Crossroads: An International Perspective* (p. 169-181). Routledge.

Cassorla, R. M. S. (2023d). Por um certo elogio da mentira. In: M. F. R. Ribeiro, & E. M. Ulhôa Cintra. (Orgs.), *Vastas emoções e pensamentos imperfeitos: diálogos bionianos* (pp. 75-114). Blucher.

Cassorla, R. M. S (2023a). "Aterrorizo, logo existo". Reflexões sobre os ataques às escolas. *Febrapsi Notícias, 29*(66), 9-10.

Cassorla, R. M. S. (2023c). Émotions, rêves et non-rêves: réflexions sur la validation dans le champ analytique. In B. Ithier (Ed.), *En séancae, au fil de l'affect et de l'emotions* (pp. 59-71). Ithaque.

Cassorla, R. M. S. (2024c). Curiosidade e vista grossa: reflexões sobre a busca/fuga da verdade inspiradas em ideias de Bion. *Revista da Sociedade Psicanalítica de Porto Alegre, 31*(1): 79-103.

Cassorla, R. M. S. (2024b). *A turbulência adolescente. Estudos psicanalíticos.* Blucher.

Cassorla, R. M. S. (2024f). Simbiose, adolescência e autodestruição. In: R. M. S. Cassorla (Org.), *A turbulência adolescente. Estudos psicanalíticos*. Blucher.

Cassorla, R. M. S. (2024d). *Fanatismo e plenitude: pequenas estórias*. Ide. (no prelo).

Cassorla, R. M. S. (2024a). A certain praise for lying. In T. Fortuna, *Bion's Vertices: On Truth and Lies*. Karnac. (no prelo).

Cassorla, R. M. S. (2024e). Manifestations of the archaic of character in the analytic field: from memories in behavior to chronic and acute enactments. *International Journal of Psychoanalysis*. (no prelo).

Cassorla, R. M. S., & Flechner, S. (2024) S. *The Astonishing Adolescent Upheaval in Psychoanalysis*. Routledge.

Chasseget-Smirgel, J. (1991). *Ética e estética da perversão*. Artes Médicas.

Chuster, A., Soares, G., & Trachtenberg, R. (2014a). *W.R. Bion – A obra complexa*. Sulina.

Chuster, A., Soares, G., & Trachtenberg, R. (2014b). Aspectos detalhados de uma grade negativa: a maldade e a complexidade do mal. In A. Chuster, G. Soares, & R. Trachtenberg. *W.R. Bion: A obra complexa* (p. 115-133). Sulina.

Etchegoyen, R. H. (1987). Perversão da transferência. In R. H. Etchegoyen, *Fundamentos da Técnica Psicanalítica (p. 99-105)*. Artes Médicas.

Ferro, A. (2009). Transformations in dreaming and characters in the psychoanalytical field. *International Journal of Psychoanalysis, 90*, 209-230.

Ferro, A., & Stella, G. (2019). Contribuição a uma teoria psicanalítica da mentira. *Revista de Psicanálise da SPPA*, *26*, 209-226.

Franco Filho, O. M. (2000). Quando o analista é alvo da magia de seu paciente: considerações sobre a comunicação inconsciente de estado mental do paciente ao analista. *Revista Brasileira de Psicanálise, 34*, 687-709.

Freud, S. (1972). Os chistes e sua relação com o inconsciente. In S. Freud, *Edição Standard Brasileira das obras de S. Freud* (Vol. 8, p. 5-155). Imago. (Trabalho original publicado em 1905).

Freud, S. (1969a). Notas psicanalíticas sobre um relato autobiográfico de um caso de paranoia (*Dementia paranoides*). In S. Freud, *Edição Standard* Brasileira das obras de S. Freud (Vol. 12, p. 15-108). Imago. (Trabalho original publicado em 1911).

Freud, S. (1969b). Totem e tabu. In S. Freud, *Edição Standard* Brasileira das obras de S. Freud (Vol. 13, p. 125-191). Imago. (Trabalho original publicado em 1911).

Freud, S (1986). O estranho. In S. Freud, *Edição Standard* Brasileira das obras de S. Freud (Vol. 14, p. 289-314). Imago. (Trabalho original publicado em 1919).

Freud, S. (2011). Sobre a psicogênese de um caso de homossexualidade feminina. In S. Freud, *Obras completas* (Vol. 15, p. 114-148). Companhia das Letras. (Trabalho original publicado em 1920).

Freud, S. (2013). Psicologia das massas e análise do eu. In S. Freud, *Obras completas* (Vol. 15, p. 13-113). Companhia das Letras. (Trabalho original publicado em 1921).

Freud, S. (2011). O eu e o id. In S. Freud, *Obras completas* (Vol. 16, p. 13-74). Companhia das Letras. (Trabalho original publicado em 1923).

Freud, S. (1976a). A negativa. In S. Freud, *Edição Standard* Brasileira das obras de S. Freud (Vol. 19, p. 293-300). Imago. (Trabalho original publicado em 1927).

Freud, S. (1976b). Fetichismo. In S. Freud, *Edição Standard* Brasileira das obras de S. Freud (Vol. 21, p. 175-185). Imago. (Trabalho original publicado em 1927).

Freud, S. (1976). Construções em análise. In S. Freud, *Edição Standard Brasileira das obras de S. Freud* (Vol. 23, p. 273-318). Imago. (Trabalho original publicado em 1937).

Freud, S., & Bullitt, W. C. (1984). *Thomas Woodrow Wilson: um estudo psicológico*. Graal. (Trabalho original publicado em 1931).

Green, A. (1994). *O desligamento*. Imago.

Green, A. (2010). *El pensamiento clinico*. Amorrortu.

Grotstein, J. S. (2007). *A Beam of Intense Darkness: Wilfred Bion's Legacy to Pychoanalysis*. Karnac.

Haynal, A., Miklos, M., & Puymège, G. (1983). *Fanaticism: a historical and psychoanalytic study*. Schoken Books.

Feldman, M., & Spillius, E. B. (Orgs.). (1989). *Psychic Equilibrium and Psychic Change: Selected Papers of Betty Joseph*. Routledge.

Kancyper, L. (1994). *Ressentimento e remorso. Estudo psicanalítico*. Casa do Psicólogo.

Klein, M. (1932). *Psychoanalysis of Children*. Hogarth Press.

Klein, M. (2017). A contribution to the psychogenesis of manic-depressive states. *The collected Works of Melanie Klein* (Vol. 1, p. 262-289). Routledge. (Trabalho original publicado em 1935).

Klemperer, V. (2009). *LTI: A linguagem do terceiro Reich*. Contraponto.

La Puente, S. M. (1992). Sobre a palavra-conceito "conhecimento" para uso clínico. *Revista Brasileira de Psicanálise*, *26*(3), 341-344.

Lafer, C. (2017). Hannah Arendt, 110 anos. *O Estado de São Paulo*. p. A2.

Le Goff, J. (1994). *The Medieval Imagination*. Chicago University Press.

Leitão, V. M. (2000). *A Paranoia do Soberano – uma incursão na alma da política*. Vozes.

Lemma, A. (2005). The many faces of lying. *International Journal of Psychoanalysis, 86*, 737-753.

Löwy, M. (2001). Barbárie e modernidade no século XX. *Antroposmoderno – Revista de Ciências Humanas*. www.antroposmoderno.com.

Marques, M. (2007). A perversão nossa de cada dia. *Revista Brasileira de Psicanálise, 41*, 149-167.

Meltzer, D. (1983). *Dream-Life*. Clunie Press.

Meltzer, D. (1990). *Metapsicologia ampliada*. Spatia.

Meyer, L. (2015). A análise didática como *enactment* institucional. *Congresso Brasileiro de Psicanálise de São Paulo*.

Morin, E. (2008). *On Complexity*. Hampton Press.

Nothomb, A. (2003). *A metafísica dos tubos*. Record.

Nosek, L. (2004). Destruição da cultura, destruição de significados e representações. *Ciência e Cultura, 56*(4), 36-39.

Ogden, T. H. (1997). O sujeito perverso da análise. *Revista da Sociedade Psicanalítica de Porto Alegre, 4*(3), 487-509.

Orwell, G. (2009). *1984*. Companhia das Letras. (Trabalho original publicado em 1949).

O'Shaughnessy, E. (1990). Can a liar be psychoanalysed? *International Journal of Psychoanalysis, 71*, 187-195.

Oz, A. (2015). *Como curar um fanático*. Companhia das Letras.

Rosenfeld, H. (1987). *Impasse e interpretação*. Imago.

Schreber, D. P. (1984). *Memórias de um doente dos nervos*. Graal. (Trabalho original publicado em 1903).

Seierstad, A. (2016). *Um de nós*. Record.

Sor, D., & Senet, M. R. (2010). *Fanatismo*. Biebel.

Shakespeare, W. (2000). Otelo, o mouro de Veneza. In W. Shakespeare, *Obras completas*. Aguilar. (Trabalho original publicado em 1622).

Sófocles (1981). Édipo Rey. In Sófocles, *Tragédias* (p. 301-368). Gredos. (Trabalho original publicado sem data).

Steiner, J. (1985). Turning a blind eye: the cover up for Oedipus. *International Review of Psycho-Analysis, 12,*161-172.

Steiner, J. (1990). La renuncia a la verdad mediante el refugio en la omnipotencia en "Edipo en Colona" de Sófocles. In J. Steiner, *Libro Anual de Psicoanálisis* (p. 37-47). Imago.

Steiner, J. (1993). *Psychic Retreats: Pathological Organizations in Psychotic, Neurotic and Borderline Patients.* Routledge.

Tizón, J. L. (2015). *Psicopatologia del poder: un ensayo sobre la perversión y la corrupción.* Herder.

Ubinha, P., & Cassorla, R. M. S. (2003). Narciso: polimorfismo das versões e das interpretações psicanalíticas do mito. *Estudos de Psicologia-PUC Campinas, 20*(3), 69-81.

Veiga, E. (2022, 23 de agosto). *O que foi o Massacre de São Bartolomeu, ocorrido há 450 anos.* https://www.bbc.com/portuguese/geral-62630277

Viñar, M. (2006). Alegato por la humanidad del enemigo. *Psicoanálisis, Buenos Aires, 28*(2), 399-419.

Voltaire. (2021). *Dicionário filosófico.* Montecristo. https://a.co/d/akut9hS. (Trabalho original publicado em 1764).

Winnicott, D. W. (1989). *Tudo começa em casa.* Martins Fontes.

Welldon, E. (2012). A transferência perversa e a vinculação maligna. *Bergasse, 19*(3), 19-36.

Yardino, S. (2008). "Break point": a significant moment in the transference. *International Journal of Psychoanalysis, 9*, 241-247.

Zienert-Eilts, K. J. (2020). Destructive populism as "perverted containing": a psychoanalytical look at the attraction of Donald Trump. *International Journal of Psychoanalysis, 101*, 971-991.

Zuboff, S. (2019). *The Age of Surveillance Capitalism*. Public Affairs. https://hac.bard.edu/amor-mundi/on-fake-hannah-arendt-quotations-2024-08-04

Bibliografia

Arendt, H. (1967). Truth and Politics. *The New Yorker*, 27.

Armengol, R. M. (1999). El fanatismo, una perversión del narcisismo: sobre el origen y la acción del superyó, reflexiones morales. *Temas de Psicoanálisis (Barcelona)*, 4, 131-66.

Bion, W. R. (1988). Notes on memory and desire. In E. B. Spillius (Ed.), *Melanie Klein Today, Mainly Practice* (Vol. 2, pp. 17-21). Routledge. (Trabalho original publicado em 1967).

Bion, W. R. (1977). *Two Papers: The Grid and Caesura*. Imago.

Cassorla, R. M. S. (2023). *El psicoanalista, el teatro de los sueños y el enactment en la práctica clínica*. Biebel.

Cassorla, R. M. S. (2024). *Um estudo sobre a mente fanática. Calibán Revista Laatinoamericana de Psicanálise*. (no prelo).

Catz, H. (2016). Il fanatismo come presenza de un'assenza imbanderiata della certezza: una relazione possibile tra Bion e Lacan. *La psicoanalisi*, 59, 101-106.

Cothros, H. (2021). Fanatismo, fetiche y pasion por el sentido. In J. R. Saholaver (Org.). *De fanatismos y carismas: encrucijadas psicoanalíticas* (p. 77-85) . APA Editora.

Ferrari, F. (2017). Odeio, então existo! Fanatismo, uma linguagem (possível) ao narcisismo de morte. *Revista da Sociedade Brasileira de Psicanálise de Porto Alegre*, 24, 571-585.

Fonseca, V. R. J. R. M. (2018). O ódio como excitação e o massacre vertical do outro. *Trabalho apresentado na Sociedade Brasileira de Psicanálise de São Paulo*.

Freud, S. (1972). Três ensaios sobre a teoria da sexualidade. In S. Freud, *Edição Standard Brasileira das obras de S. Freud* (Vol. 7, p. 123-252). Imago. (Trabalho original publicado em 1905).

Geist, M. (2023). Las pasiones y la construcción del otro: la trama semiótica de los discursos fanáticos. *Apresentado em Jornada da APdeBA* em 27 de outubro de 2023.

Gerchman, A., & Ferrari Filho, C. A. (2017). Fanatismo: destino da pulsão. Adversário da cultura? *Psicanálise*, 19, 29-41.

Goldberg, C. (2003). Fanatic Hatred and Violence in Contemporary America. *Journal of applied psychoanalytic studies*, 5(1), 9-19.

Marimaa, K. (2018). *The many faces of fanatism*. https://www.ksk.edu.ee/wp-content/uploads/2012/12/KVUOA_Toimetised_14_2_kalmer_marimaa.pdf.

Mazon, F. J. (1982). *Psicología del fanatismo*. Tesis Doctoral Universidad de Barcelona.

Mondrzak, V. (2021). Pensamento fanático 1984-2021. *Revista de Psicanálise de Porto Alegre*, 28, 121-136.

Peskin, L (2021). Algunas reflexiones sobre carisma, fanatismo, poder y transferencia. In J. R. Saholaver. (Org.), *De fanatismos y carismas: encrucijadas psicoanalíticas* (p. 39-57). APA Editora.

Puchol, M. (2023). El fanatismo en su dimensión de intolerancia a la alteridad: sus vinculos con la desinformación y la verdad cancelada. *Trabalho apresentado em XLV Simposio da APdeBA* em 27 de outubro de 2023.

Recalcati, M. (2021). Fanatismo. In J. R. Saholaver (Org.). *De fanatismos y carismas: encrucijadas psicoanalíticas* (p. 27-37). APA Editora.

Rimano, V. (2021). ¿Lo infantil puede mentir? *Revista de Psicoanálisis de Buenos Aires*, 78, 181-193.

Rozenberg, M., & Boraks, R. (2016). Esperança e fanatismo na clínica psicanalítica. *Trieb* (Rio de Janeiro), 15(1/2), 83-97.

Rubinstein, R. A. (2015). Fanatismo. *Revista de Psicoanálisis*, 72(92-3), 363-373.

Saholaver, J. R. (2021). (Org.). *De fanatismos y carismas: encrucijadas psicoanalíticas*. APA Editora.

Tabbia, C. (2011). El fanatismo, la identidad y el pensamiento. Intercambios, 26, 17-29.

Viñar, M. (2006). Alegato por la humanidad del enemigo. *Psicoanálisis*, Buenos Aires, 28(2), 399-419.